프로덕트

유저를 사로잡는 서비스 기획의 모든 것

프로덕트 : 유저를 사로잡는 서비스 기획의 모든 것

기획자, PM, CEO를 위한 프로덕트 교과서

초판 1쇄 발행 2023년 11월 27일

지은이 홍석희 / **펴낸이** 전태호
펴낸곳 한빛미디어(주) / **주소** 서울시 서대문구 연희로2길 62 한빛미디어(주) IT출판2부
전화 02-325-5544 / **팩스** 02-336-7124
등록 1999년 6월 24일 제25100-2017-000058호 / **ISBN** 979-11-6921-173-4 93000

총괄 송경석 / **책임편집** 홍성신 / **기획 · 편집** 이희영
디자인 표지 이아란 내지 박정화 / **전산편집** 다인
영업 김형진, 장경환, 조유미 / **마케팅** 박상용, 한종진, 이행은, 김선아, 고광일, 성화정, 김한솔 / **제작** 박성우, 김정우

이 책에 대한 의견이나 오탈자 및 잘못된 내용에 대한 수정 정보는 한빛미디어(주)의 홈페이지나 아래 이메일로
알려주십시오. 잘못된 책은 구입하신 서점에서 교환해 드립니다. 책값은 뒤표지에 표시되어 있습니다.

한빛미디어 홈페이지 www.hanbit.co.kr / **이메일** ask@hanbit.co.kr

지금 하지 않으면 할 수 없는 일이 있습니다.
책으로 펴내고 싶은 아이디어나 원고를 메일(**writer@hanbit.co.kr**)로 보내주세요.
한빛미디어(주)는 여러분의 소중한 경험과 지식을 기다리고 있습니다.

전 PM,
현 CEO/컨설턴트가
알려 주는 잘되는
프로덕트의 생존력

User Research

Data Modeling

UX Psychology

Data Driven

Behavioral Economics

Web

Persona

Mobile

프로덕트

이아소미 지음

유저를 사로잡는 서비스 기획의 모든 것

기획자, PM, CEO를 위한
프로덕트 교과서

[B 한빛미디어
Hanbit Media, Inc.

마켓핏랩 대표, 정성영 _____

이 책은 디자인적 사고와 PO 경험을 겸비한 홍석희 PM의 경험과 열정이 집약된 결과물로, 실무에 적용 가능하면서도 두고두고 찾아볼 수 있는 통찰을 제공합니다. PM의 길을 걷고자 하는 이들에게 이보다 더 좋은 안내서는 없을 것입니다.

NN/g UXMC UX 리서처, 김은희 _____

경험 기반 생생한 예시와 실무에서 쉽게 활용할 수 있는 미션으로 구성된 것이 이 책이 주는 특별함인 것 같아요. PM/PO뿐만 아니라 프로덕트가 만들어지는 과정을 전반적으로 이해하고 싶은 모든 분에게 권하고 싶네요.

프로덕트 디자이너, 이진재 _____

엔지니어부터 디자인, PM, 사업개발 등 다양한 직군을 거치는 동안 그가 해온 고민과 경험이 담긴 책입니다. 이 책이 디딤돌이 되어 세상에 더 뛰어난 프로덕트들이 탄생하길 기원합니다.

PM이 알아야 하는 기초부터 day to day 과업에 대한 노하우까지. 실무 바탕의 예시로 가득해서 PM을 준비하는 분들에겐 서비스 기획의 바이블이 될 것입니다.

이 책에는 디지털 프로덕트를 만드는 PM이라면 꼭 알아야 할 핵심 지식과 과정이 담겨 있습니다. 더불어 이들과 협업하는 마케터를 비롯한 비개발 직군에도 디지털 프로덕트가 만들어지는 과정과 그들이 일하는 방식을 이해하게 되는 친절한 안내서가 될 것입니다.

실전에서 얻은 경험이야말로 최고의 가치입니다. 홍석희 PM은 오랜 시간 다양한 경험으로 무장한 실전형 PM입니다. 그의 실전 경험을 반드시 흡수해 보세요.

안녕하세요, 저자 홍석희입니다. 저는 지난 몇 년간 온오프라인에서 수천 명의 수강생을 만나고 다양한 기업의 컨설팅을 하면서 이들의 공통된 고민을 발견하게 되었습니다. 그것은 '지식은 어느 곳에서나 찾을 수 있지만 실무에 바로 적용하기는 어렵다.'는 것이었습니다. 이 고민을 해결하기 위해 필요하다 느낀 모든 것을 담아 커리큘럼으로 완성한 다음 PM 부트캠프 교육을 진행하였습니다. 그 결과 많은 수강생이 대기업부터 스타트업까지 취업의 문턱을 넘었죠. 그 커리큘럼을 책에 고스란히 담았습니다. 이 책은 8개의 장과 2개의 부록으로 다음과 같이 구성되어 있습니다.

1장 사용자 중심 기획에서는 PM이 관여하는 제품 개발의 전반적인 프로세스와 용어들을 학습하게 됩니다. 프로젝트를 만들고 싶은 분들은 1장에서 자신이 해결하고 싶은 문제를 하나 정해 보기 바랍니다.

2장 성공하는 제품을 위한 리서치에서는 리서치를 통해 시장의 흐름을 조사하고 사용자의 행동과 맥락을 관찰하는 방법을 배우게 됩니다. 실무에서는 시간이 부족해 리서치를 수행하기 어려운 경우가 많습니다. 꼭 이번 기회에 사용자를 관찰하는 법을 학습하고 실제로 만나 보기를 추천합니다.

3장 인사이트를 분석하는 데이터 모델링에서는 리서치로 수집한 데이터를 통해 실제 제품과 서비스에 적용할 수 있는 인사이트를 도출해 내는 방법을 배웁니다. 다양한 비즈니스에 활용할 수 있는 프레임워크 사용법도 이해할 수 있습니다.

4장 아이데이션을 통한 솔루션 도출과 우선순위에서는 인사이트를 기반으로 많은 양의 아이디어를 발산하여 탐색하고 그중 효과가 큰 솔루션 아이디어의 우선순위 세우기, 기획 회의나 워크숍에서 활용할 수 있는 방법론을 소개합니다. 이 장의 말미에 있는 AS–IS, TO–BE 과제는 실무나 포트폴리오에서 프로젝트의 방향성을 나타내는 부분이니 꼭 미션을 수행해 보기 바랍니다.

5장 서비스 기획 A to Z는 실제 제품과 서비스를 개선하는 데 필요한 다양한 도구와 프로세스를 소개합니다. PM은 이런 도구를 적재적소에 활용하여 프로젝트를 성공적으로 이끌 수 있어야 합니다. 이 과정에 필요한 디자이너, 개발자와 같은 다양한 분야의 실무자와 원활한 협업을 위해 자신의 생각을 구조적으로 전달하는 문서 작성법과 서비스를 구체화하고 고도화시키는 과정을 예시와 과제를 통해 살펴볼 예정입니다.

6장 친절한 서비스의 완성, 사용성 테스트에서는 구체화한 솔루션을 실제 사용자가 어떻게 인지하는지 관찰 및 분석하는 방법을 배웁니다. 많은 회사가 말로는 '사용자 관점'을 얘기하지만 공급자의 관점을 놓지 못하는 경우가 많습니다. 우리는 사용자가 아니기 때문에 실제 사용자의 인지 정도를 끊임없이 파악하고 개선해 나가야 합니다.

7장 사용자를 움직이는 실전 심리학에서는 사용자의 행동을 유도할 수 있는 다양한 이론과 사례를 통해 기획에 디테일을 더합니다. 자칫 놓치기 쉬운 부분이지만, '사용자 관점'을 이해하기 위한 초석과도 같은 이론을 다룹니다.

8장 데이터와 논리로 무장하기에서는 가설과 실험을 통해 지표를 성장시키는 방법을 학습합니다. 데이터의 중요성은 모든 분야에서 점점 더 커지고 있습니다. 제품과 서비스의 성장을 견인하는 지표를 찾아 논리적으로 실험을 설계하고 실행하는 방법을 글로벌 기업의 사례로 살펴보겠습니다.

부록 A에서는 '프로젝트 매니징'을 하는 방법에 대해서 소개합니다. PM은 회사의 다양한 회의와 프로젝트를 진행하는 MC 역할을 하게 됩니다. 따라서 여러 부서의 이해관계자와 협업하기 위한 다양한 문서와 프레임워크를 살펴봅니다. 마지막으로 **부록 B**에서는 '성장하는 PM'이 되기 위해 필요한 학습법과 자료를 소개합니다. PM은 정말 끊임없이 성장해야 하는 직무입니다. 회사 안과 밖에서 인정받을 수 있는 방법을 안내합니다.

PM으로 취업을 하고 싶은 분이나 창업에 관심이 있는 분이라면 이 책을 처음부터 따라가며 하나의 프로젝트를 완성해 보기 바랍니다. 각 장의 말미에는 이론을 구체화하는 **미션**과 **템플릿**이 제공됩니다. 템플릿을 활용해 주어진 미션을 하나씩 완성하다 보면 하나의 프로젝트 포트폴리오 또는 하나의 제품과 서비스를 완성할 수 있습니다. IT 업계에 종사하고 있다면 목차를 먼저 살펴보고 궁금하거나 필요한 내용만 골라서 읽는 것도 좋은 방법입니다. 모든 장에는 필요한 문서를 템플릿으로 만들어 제공하고 있으니 체계적으로 서비스를 개발 · 개선하고 싶다면 적용해 보기 바랍니다.

- **템플릿 모음 URL** : bit.ly/3FKikaN

홍석희

목차

9

6장

**친절한
서비스의 완성,
사용성 테스트**

7장

**사용자를
움직이는
실전 심리학**

8장

데이터와 논리로 무장하기

1장

사용자 중심 기획

66 사용자가 우리가 만드는 제품과 서비스를 왜 사용해야 하는지 끊임없이 질문해 보세요. 그리고 그 이유를 발견하는 순간을 어떻게 하면 더 빨리, 더 강렬하게, 더 자주 만들 수 있을지 고민해 보세요. 99

_PM, 홍석희

1-1 PM의 역할과 범위

IT 분야의 수요가 급증하고 다양한 스타트업이 시장에 등장하면서 **PM**product manager과 **기획자**의 역할이 점점 중요해지고 있습니다. 기업 평가 사이트 글래스도어glassdoor가 2022년에 발표한 통계에서 PM은 미래 유망 직종 Top 10에 들기도 했습니다. 제품과 서비스에 필요한 여러 비즈니스 요구 사항을 분석하면서도 사용자가 겪는 불편한 점을 개선하고 더 나은 경험을 제공할 수 있는 **기획력**이 중요해졌기 때문이죠.

여기서 제품이란 '기능feature들의 조합으로 사용자가 목적task을 달성하도록 도와주는 온라인 서비스의 총체'를 뜻합니다. 대표적으로 송금을 간편하게 해주는 '토스', 동네를 기반으로 중고 거래를 할 수 있는 '당근', 나에게 맞는 의류를 추천해 주는 '지그재그' 등 제품·서비스는 점차 우리 일상에서 차지하는 비중이 늘어나고 있습니다.

토스, 당근, 지그재그

그렇다면 PM은 이런 IT 제품과 서비스에서 어떤 일을 할까요? 이들은 사용자와 비즈니스가 가진 문제를 파악하고 가설을 세워 해결하는 역할을 합니다. 그리고 디자이너, 개발자와 협업하여 기획을 제품화하고 출시하기까지 모든 과정에 참여합니다. 물론 처음 출시할 때는 제품과 서비스의 타깃target 사용자도 좁고 단일 기능만 가진 경우가 많습니다. 지금은 토스가 자산 관리, 주식, 커뮤니티 등 많은 기능을 포함한 슈퍼 앱이지만, 처음에는 송금이라는 하나의 기능만 가지고 등장했던 것처럼요.

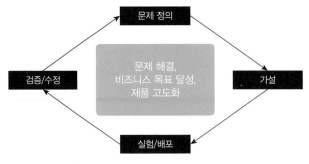

단기 제품 · 서비스의 개선 사이클

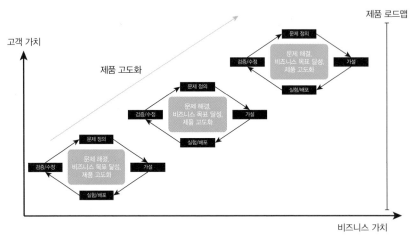

장기 제품 · 서비스의 개선 사이클

PM은 사용자의 니즈를 꾸준히 파악하면서 기업의 비즈니스 가치도 높이는 방향으로 제품과 서비스를 개선합니다. 이 과정을 끊임없이 반복하죠. 즉, 이들은 제품 · 서비스의 시작점인 기획부터 출시 후 관리까지 모든 과정을 함께합니다. 기업의 목적이나 상황에 따라 역할의 범위와 순서는 조금씩 달라지지만, PM이 관여하는 제품 · 서비스 기획 과정을 크게 정리하면 다음과 같습니다.

PM이 관여하는 제품 · 서비스 제작 프로세스

1단계 사용자 리서치

2단계 데이터 모델링과 피처 기획

3단계 와이어프레임 제작

4단계 UX/UI 디자인

5단계 프로토타입 제작

6단계 백 오피스 기획 및 운영

7단계 QA 테스트

8단계 데이터 분석

그렇다면 각 단계에서 어떤 역할을 하고 어떤 직군의 사람들과 협업하는지 구체적으로 살펴보겠습니다.

1단계 사용자 리서치

제품 · 서비스를 기획하고 디자인하기 앞서 사용자가 어떤 문제를 겪고 어떠한 니즈가 있는지 파악하기 위해 **사용자 리서치** user research를 진행합니다. 조직에 UX 리서치 부서가 따로 있는 경우도 있지만, 자원이 부족할 때는 제품 관리자가 직접 사용

잠재 사용자와의 인터뷰로 인사이트 얻기

자 또는 잠재 사용자와 인터뷰하거나 관련 조사를 진행해 데이터를 수집합니다. 이렇게 얻은 데이터로 신규 제품 · 서비스의 방향성을 잡거나 기존 제품 · 서비스를 보완합니다.

2단계 데이터 모델링과 피처 기획

2단계에서는 사용자 리서치에서 얻은 데이터를 분류하고 정리하는 데이터 모델링 과정을 거칩니다. 여기에서 얻은 인사이트를 바탕으로 사용자의 니즈를 만족시키는 데 필요한 피처 기획을 합니다.

데이터 모델링 작업

> **🔆 용어 사전** **피처**
>
> **피처**feature는 제품이나 서비스에서 하나의 기능을 가리키는 단위입니다. 그중에서 핵심이 되는 기능을 키 피처key feature라 하고 불필요한 기능이 덕지덕지 들어간 상태를 피처 크립feature creep이라 합니다.

3단계 와이어프레임 제작

피처를 기획할 때는 각 피처에 어떤 디자인 요소가 필요하고 또 어떤 **플로**flow로 사용자와 상호 작용할지 시각적으로 나타내기 위해 **와이어프레임**wireframe을 제작합니다. 이때 1단계 사용자 리서치에서 얻은 인사이트를 반영하는 것 또한 PM의 역할입니다.

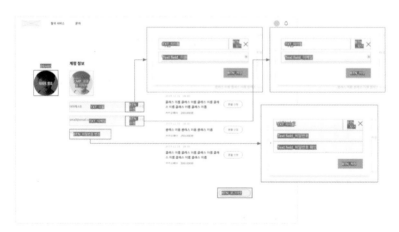

와이어프레임 예시

플로flow란, 사용자가 제품·서비스를 이용할 때 어떤 액션을 수행하는 흐름을 뜻합니다.

와이어프레임wireframe은 선wire으로 틀frame을 잡는다는 뜻으로, 제품·서비스의 화면별 구성과 정보를 단순한 형태와 단조로운 색상으로 디자인하고 배치한 것을 뜻합니다. 기획한 내용을 시각화하고 흐름을 표현하기 위해 사용합니다.

4단계 UX/UI 디자인

와이어프레임을 통해 피처의 스펙spec이 결정되면 기본 틀, 즉 뼈대는 모두 잡힌 상태입니다. 이제 UX/UI 디자이너 또는 프로덕트 디자이너와 협업하여 색상, 레이아웃, 글꼴 등을 고려해 실제 출시할 상태와 가까운 디자인, 즉 **하이 피델리티**high fidelity로 디자인할 차례입니다. 자원이 적은 조직에서는 PM이나 기획자가 이 업무를 진행하는 경우도 있습니다.

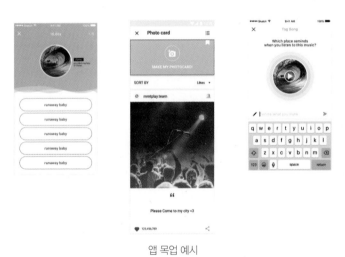

앱 목업 예시

피델리티fidelity란, 최종 디자인에 얼마나 충실한지를 나타내는 디자인 완성도를 뜻합니다. 스케치 정도의 단순히 기능을 보여 주는 디자인을 **로우 피델리티**low fidelity, 컬러나 배치, 글꼴 등이 최종 UI 디자인에 가까울수록 **하이 피델리티**high fidelity라고 합니다.

5단계 프로토타입 제작

프로토타입은 실제로 개발하기 전에 제품의 디자인을 확인하고 개선점을 찾는 데 사용하는 시제품을 뜻합니다. 로우 피델리티 프로토타입의 경우 간단한 와이어프레임이나 동작이 없는 UI 화면으로만 제작하는 경우도 있지만, 점점 더 많은 프로덕트 팀에서 인터랙션 효과를 더해 마치 실제 동작하는 것처럼 작업하기도 합니다. 이를 하이 피델리티 프로토타입이라고 합니다. 프로토타입을 활용하면 개발 단계까지 가지 않고도 관련 부서와 원활하게 의사소통을 할 수 있고 디자인에 설득력을 더할 수도 있습니다. 특히 사용성 테스트를 통해 개발 없이도 사용자의 피드백을 받을 수 있다는 장점이 있습니다.

6단계 백 오피스 기획 및 운영

백 오피스란, 관리자용 화면을 뜻합니다. 사용자가 이용할 화면을 디자인하는 것도 중요하지만, 이를 운영하기 위한 관리자용 화면을 기획하는 것도 PM의 역할입니다. 규모가 작은 조직에서는 백 오피스 기획뿐만 아니라 운영에 직접 관여하기도 합니다.

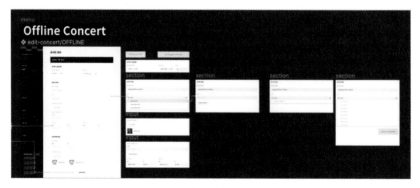

백 오피스 페이지 예시

7단계 QA 테스트

QAquality assurance는 서비스가 의도에 맞게 개발되었는지, 오류는 없는지 등을 확인하기 위한 테스트 과정입니다. 규모가 큰 조직에서는 별도의 QA 담당 부서 또는 인력이 있지만, 조직 규모가 작다면 디자이너나 프로젝트 매니저가 직접 QA를 하는 경우도 많습니다. QA 테스트를 내부에서 충분히 진행해야 오류 없는 제품·서비스를 출시할 수 있기 때문에 무척 중요한 단계입니다. 프로덕트 팀에서는 개발 QA와 디자인 QA를 따로 하기도 합니다.

8단계 데이터 분석

데이터 분석data analysis은 제품·서비스를 이용하는 사용자의 데이터를 수집하고 분석하는 과정입니다. 1~7단계까지 모두 완료 후 배포하고 나면, 해당 기능을 이용하는 사용자들의 행동 데이터를 분석합니다. 이를 통해 피처를 보완하기도 하고 새로운 피처를 기획하기도 합니다. 또 디자인을 개선하여 사용성을 높이기도 하죠. 이 단계에서는 제품이 사용자에게 어떤 영향을 미쳤는지를 지표로 삼아 검증하게 되므로 PM이 가져야 할 중요한 역량입니다.

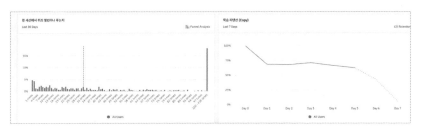

제품 데이터 분석 예시

앞서 설명한 단계별로 제품·서비스를 만들어 나가는 과정에서 다양한 직무의 사람들과 협업하게 됩니다. 다음 그림은 일반적인 프로덕트 팀의 구성입니다.

PM/PO	BA
지표 정의, 모니터링, 우선순위 결정, 백로그 관리, 제품 기획, 프로젝트 매니징	지표 모니터링 데이터 추출/가공 비즈니스 대시보드 설정 (PO가 하는 경우도 있음)

UX/UI / 프로덕트 디자이너	개발 : 프런트엔드	개발 : 백엔드/데브옵스	QA
유저 플로 작성 UX/UI 디자인 인터랙션 정의 프로토타이핑	사용자가 보는 화면, 인터랙션 개발	API 개발, DB 설계, 구축 개발 운영 환경 설정 배포 관리	테스트 케이스 작성 테스트 진행 제품 품질 관리 배포 관리 및 모니터링

프로덕트 팀의 직무별 구성

- **PM/PO**: 제품·서비스의 방향성을 정하고 기획합니다. 제품·서비스가 올바른 방향으로 개선되도록 여러 사람의 의견을 취합하고 프로젝트를 진행합니다. 한국에서는 일반적으로 PM보다 PO가 더 큰 책임과 여러 팀을 관리하는 경우가 많습니다. 반대로 해외에서는 PM이 주요한 의사결정과 방향성을 정하고, PO가 구체화하는 일을 합니다.

- **BA**: 의사결정에 필요한 다양한 데이터들을 추출하고 모니터링합니다. 작은 규모의 조직일수록 PM이나 PO가 BA의 역할을 하기도 합니다.

- **UX/UI 디자이너, 프로덕트 디자이너**: 제품·서비스의 시각적인 부분과 사용자 경험을 잘 전달할 수 있는 플로 및 인터랙션을 정의합니다. 프로덕트 디자이너는 UX, UI를 넘어서 프로덕트 전체 디자인과 경험을 책임지는 역할을 맡습니다. 프로덕트 디자인의 성패는 제품의 성공과 직결되므로 전략과 비즈니스에도 기여합니다.

- **프런트엔드 개발자**: 제품과 서비스의 시각적인 부분과 사용자가 상호 작용하는 기능을 개발합니다.

- **백엔드 개발자**: 프런트엔드와 데이터베이스의 상호 작용을 관리합니다. 이는 데이터 처리와 보안, 서버 구축 등을 포함합니다.

- **QA**: 기획한 요구 사항이 잘 디자인, 개발되었는지 확인하는 직군입니다. 테스트 케이스를 작성하고 제품의 품질을 관리합니다. 자원이 적은 조직에서는 디자이너나 PM, 기획자가 이 직무를 대신하기도 합니다.

PM은 비즈니스와 사용자의 요구 사항을 잘 정리하여 우선순위를 세우고, 팀원들과 협업하여 일이 원활하게 진행되도록 해야 합니다. 업무 강도가 높고 소프트 스킬과 하드 스킬 모두를 요하는 일이지만 자신의 기획이 반영된 제품과 서비스가 세상에 영향을 미치는 것을 직접적으로 관찰하고 또 개선할 수 있기 때문에 보람과 만족도가 높은 직업이라고 할 수 있습니다.

1-2 서비스 기획의 시작과 끝, 사용자 이해하기

어떤 제품이나 서비스를 이용하다 보면 불편한 부분을 발견하는 경우가 있습니다. 절차가 복잡하거나 글자가 읽기 힘들 정도로 작거나 오류가 나는 등 불편한 상황은 예측할 수 없이 다양하죠. 여러분은 이런 상황을 조용히 넘기는 편인가요, 아니면 불만을 표출하거나 해결하기 위해 두 팔을 걷어붙이는 편인가요?

PM의 업무 중 가장 중요한 일이 바로 '문제를 찾고 해결하는 것'입니다. 사용자가 불편함을 느끼는 지점을 찾아내고 해결하는 거죠. 이 업무는 새로운 서비스를 만들든 기존 서비스를 개선하든 반드시 필요한 과정입니다. 그리고 이는 사용자를 이해하는 데에서 시작합니다.

바꿔 말하면 성공한 서비스는 사용자의 불편을 잘 해결한 서비스라고도 볼 수 있죠. 가령 절차가 복잡한 금융 서비스를 하나로 묶어 간편하게 처리한 '토스', 오늘 안에만 주문하면 다음날 새벽에 배송해 주는 '쿠팡' 등이 있습니다.

이처럼 사용자의 불편을 파악하고 해결해 성장한 서비스가 있는 반면 사용자의 **니즈**needs를 제대로 파악하지 못해 운영을 중단하는 제품과 서비스도 많습니다. 글로벌 시장조사 기업 CB 인사이트에서 실행한 한 조사에 따르면 스타트업이 실패하는 이유 중에 하나는 팀 내 문제, 경쟁 심화가 아니라 '시장에서 필요로 하지 않는 제품이나 서비스를 만든 것'이었습니다.

스타트업이 실패하는 이유 (출처: CB 인사이트)

시장에서 살아남는 제품과 서비스를 만들기 위해서는 **프로덕트 핏**product fit과 **마켓 핏**market fit을 이해해야 합니다. 프로덕트 핏이 '제품·서비스가 사용자의 문제를 해결해 주는가'라면, 마켓 핏은 '사용자가 해당 제품·서비스에 돈을 지불할 용의가 있는가'를 뜻합니다. 보통 많은 제품·서비스가 프로덕트 핏만 있고 마켓 핏까지는 검증하지 못해 지속적인 운영을 하지 못하는 경우가 많습니다.

프로덕트 핏 = 우리 제품이 사용자의 문제를 해결해 주는가?
마켓 핏 = 이 제품에 돈을 지불할 사용자가 충분한가?

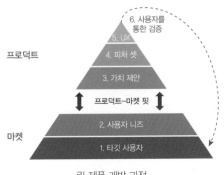

린 제품 개발 과정

프로덕트 마켓 핏을 찾기 위해서는 사용자에 대한 깊은 이해와 분석이 필요합니다. 그렇다면 사용자의 니즈는 어떻게 파악할까요? 직접 물어보면 알 수 있을까요? 미국 포드사의 창업자이자 최초로 자동차 대량 생산 시스템을 만든 헨리 포드Henry Ford는 다음과 같이 말했습니다.

> "만약 사람들에게 무엇을 원하느냐고 물었다면,
> 그들은 더 빠른 말을 원한다고 말했을 것이다."

이처럼 사용자는 자신의 니즈를 명확하게 인식하지 못하고 피상적으로 표현하는 경향이 있습니다. 사용자가 무엇을 필요로 하는지 파악하는 가장 확실한 방법은 관찰하는 것입니다. 물론 모든 걸 **관찰**하는 것은 다소 광범위합니다. 사용자를 관찰할 때는 다음과 같은 5가지 요소를 기준으로 잡으면 그들이 무엇을 필요로 하는지 실마리를 발견할 수 있습니다.

- **맥락**context: 사용자가 제품·서비스를 사용하는 시간, 장소, 상황, 사회 문화적 환경
- **행동**behavior: 사용자가 제품·서비스와 상호 작용하는 방식

- **니즈**^{needs} : 사용자의 내적 욕구

- **태도**^{attitude} : 사용자가 제품·서비스에 갖는 인지적, 정서적 반응

- **동기**^{motivation} : 사용자로 하여금 어떤 행동을 하게 하는 요인

관찰은 사용자 스스로도 미처 몰랐던 '원하는 것'을 발견하게 도와줍니다. 케이팝^{K-pop} 팬을 대상으로 하는 서비스를 만들기 위해 팬들이 모이는 장소에서 직접 그들을 관찰한 적이 있습니다. 당시 한창 오디션 프로그램의 열풍이 불어 지하철 광고판은 온통 오디션 참가자들의 얼굴로 뒤덮이던 때였죠. 그때 많은 팬이 좋아하는 아티스트의 얼굴이 나온 광고판을 촬영하고 메모지에 하고 싶은 말을 적어 붙이는 모습을 발견했습니다. '좋아하는 아티스트에게 나의 마음을 표현하고 싶은 욕구'에서 나온 행동이었죠.

'팬심'을 표현하려는 이들의 니즈에 착안해 좋아하는 아티스트에게 편지를 쓸 수 있는 피처를 개발하였습니다. 그 결과 서비스 출시 6개월 만에 300만 개, 1년 만에 약 1000만 개 이상의 메시지를 모을 수 있었습니다. 마케팅 비용을 거의 들이지 않았음에도 말이죠. 이후에는 아티스트가 팬들이 보낸 메시지를 직접 읽는 SNS 라이브 이벤트를 진행해 새로운 사용자들이 유입되기도 하고, 무엇보다 다른 사용자들의 메시지를 읽기 위한 재방문율이 높아졌습니다.

이처럼 관찰의 힘은 큽니다. 처음에 어떤 서비스나 분야를 관찰하고 인사이트를 얻고 싶다면 직접 사용자의 입장이 되어 많은 서비스를 이용하고 비교해 보는 것이 좋습니다. 만약 지도 서비스에 대해서 리서치한다면 네이버 지도나 카카오맵, 티맵 등을 번갈아 쓰면서 목적지를 검색하고 길을 찾아가는 과정을 비교해 볼 수도 있고, 물품 구매 서비스를 관찰한다면 여러 개의 커머스 앱을 사용하며 검색, 결제, 반품 과정 등을 비교해 볼 수 있겠죠.

이렇게 여러 종류의 제품이나 서비스를 비교하면서 다양한 사용자 경험을 수집하다 보면 자연스럽게 자신만의 라이브러리를 갖출 수 있습니다. 이 라이브러리가 풍부해질수록 아이디어를 도출하거나 경쟁사 리서치를 할 때 유연하게 대처할 수 있습니다.

◁)) Mission **앱 비교 분석하기**

1. 앱스토어 또는 구글 플레이스토어에서 카테고리를 하나 정합니다. (예: 지도, 패션, 캐주얼 게임, 이커머스, 공유 킥보드 등)

2. 같은 카테고리에 속한 앱을 3개 이상 설치하고, 비교할 기능을 나열해 보세요. (예: 이커머스 앱 – 검색, 장바구니 담기, 결제 등)

3. 앱별로 나열한 기능을 직접 비교해 보면서 장단점과 공통점 · 차이점을 찾아보세요.

사용자의 경험을 개선하는 방법론, 더블 다이아몬드

문제를 발견하고 해결책을 도출하는 과정은 엉킨 실타래를 풀어 가는 과정과 비슷합니다. 처음에는 문제도 명확하지 않고 이해관계자들의 의견도 일치하지 않아 상황이 무척 복잡하게 엉켜 있습니다. 이를 해결하기 위해서는 결국 사용자 중심으로 문제를 파악하고 하나씩 풀어 나가는 과정이 필요합니다. 이때 쓰이는 가장 대표적인 방법론이 **더블 다이아몬드**입니다.

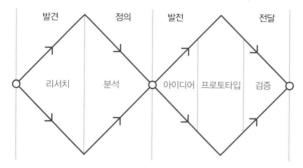

더블 다이아몬드 (출처: British Design Council in 2005)

더블 다이아몬드는 2개의 다이아몬드가 나란히 연결된 모양으로, 문제를 찾고 해결하는 과정을 정리한 모델입니다. 첫 번째 다이아몬드는 문제를 찾고 정의하는 과정, 두 번째 다이아몬드는 문제를 해결하는 과정으로 구성되어 있죠. 더블 다이아몬드 모델의 1단계는 **발견**discover입니다. 발견 단계에서는 사용자를 관찰하고 비즈니스의 목표를 파악한 다음 이해관계자들의 의견을 듣습니다. 이때 양질의 정보를 많이 얻고 사용자를 자세히 관찰할수록 좋은 결과로 연결될 확률이 높아집니다. 총 4단계 중 가장 중요한 단계라고 볼 수 있습니다.

2단계는 사용자가 가지고 있는 문제를 **정의**define하고 앞 단계에서 얻은 데이터를 종합해 인사이트를 발견하고 해결 방향성을 도출하는 단계입니다. 여기까지 진행하면 첫 번째 다이아몬드와 두 번째 다이아몬드가 맞닿은 지점에 도달하죠? 바로 여기가 전체 프로젝트의 방향성과 전략을 정하는 지점입니다.

더블 다이아몬드의 3단계인 **발전**develop에서는 와이어프레임과 프로토타입을 제작해 디자인 솔루션을 시각화하고 구체화해 나갑니다.

마지막 **전달**deliver 단계에서는 이전 단계에서 시각화한 것들을 가지고 사용성 테스트를 진행해 제품을 개선합니다.

1-3 PM이라면 알아야 할 필수 실무 용어

새로운 분야를 시작할 때는 해당 분야에 어떤 용어가 주로 쓰이고 무슨 뜻인지 아는 것이 중요합니다. 특히 IT 분야에선 영어나 단어를 줄여서 사용한 용어가 많아 생소하게 들릴 수 있어 미리 알아 두는 것이 좋습니다. 용어만 파악해도 시야가 넓어지고 실무자와 원활히 소통하는 데 도움이 됩니다. 많은 용어가 있지만, 실무에서 자주 쓰는 용어만 추려서 살펴보겠습니다.

Tip. 이 용어들은 이후 책에서 계속 등장할 예정입니다. 하지만 당장 외우지 않아도 괜찮아요. 용어가 언급될 때마다 '용어 사전'을 통해 한 번 더 짚을 예정이니 가볍게 눈으로 익혀 두세요.

CTA^call to action: 사용자의 행동을 유도하는 버튼이나 배너와 같은 요소를 뜻합니다. 회원가입 화면의 [가입하기] 버튼 또는 랜딩페이지의 [사전 예약] 버튼이 대표적 예입니다.

넷플릭스의 회원가입 유도 버튼

IA^information architecture: 제품·서비스를 구성하는 정보의 구조와 우선순위, 흐름의 설계 등을 포함한 도식입니다. 정보 구조라고도 합니다. 건축물을 지을 때 건물의 뼈대를 잘 잡아야 안정적으로 지을 수 있는 것처럼 정보 구조를 명확하게 정의해야 사용성과 접근성이 뛰어난 제품·서비스를 개발할 수 있습니다.

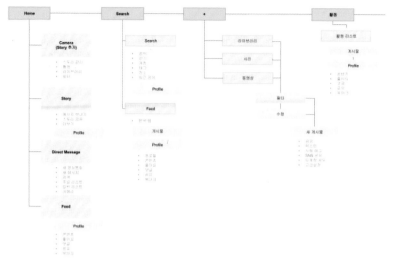

IA의 예시

UGC^user generated content: '사용자가 생성한 콘텐츠'를 뜻합니다. 특히 최근에는 직접 콘텐츠를 생성하는 사용자가 늘면서 제품 · 서비스를 성장시키고 또 다른 사용자로 하여금 신뢰도를 높이는 역할을 합니다.

VOC^voice of customer: '고객의 소리'라는 뜻으로, 수집한 고객의 의견이나 요구사항을 의미합니다. 제품이나 서비스의 궁극적 목적은 사용자의 니즈를 충족시키는 것이므로 고객 관리 부서뿐 아니라 프로덕트 팀에서도 주기적으로 VOC를 점검해 개발에 적극 활용합니다. 성공한 커머스 기업에서는 VOC를 점검하는 것으로 하루 일과를 시작하기도 합니다.

사용성^usability: 사용자가 제품 · 서비스에서 제공하는 정보를 인지하고, 원하는 목적을 달성하기 쉬운지를 가늠하는 척도입니다. 사용성 이슈가 있는 디자인은 사용자들이 무엇을 해야 할지 인지하지 못하고, 과제 수행을 실패할 확률이 높습니다. 같은 목적을 가진 제품 · 서비스여도 사용성에 따라 품질이 좌우되고 나아가 사용자의 충성도까지 결정될 만큼 사용성은 중요한 역할을 합니다.

스토리보드storyboard: 영화나 애니메이션 등에서 이야기의 흐름을 시각화하기 위해 제작하는 문서를 뜻합니다. 제품 개발 과정에서도 사용자가 제품·서비스를 이용하는 과정을 시각적으로 묘사하기 위해 스토리보드를 활용합니다.

스토리보드 (출처: uxstudioteam.com
/ux-blog/ux-storyboard)

국내에서는 스토리보드가 주로 페이지 또는 피처의 구성 요소, 콘텐츠 설명, 이동 흐름, 논리 등이 들어 있는 문서를 칭하는 경우도 있습니다. 문서의 명칭은 기획서, 스펙 문서, 화면 기획서, 스토리보드 등으로 다양하며 이는 기업의 제품 개발 문화에 따라 다릅니다. 최근에는 이런 기획 문서를 제작하는 과정이 많이 간소화되는 추세입니다. 피그마와 같은 디자인 툴에 바로 와이어프레임 기반으로 기획을 진행하고 상세 설명을 화면 옆에 기술하여 기획 문서의 역할을 대신하고 있습니다.

어포던스affordance: '행동 유도성'이라고도 하며 사용자가 어떤 대상(제품이나 서비스)을 마주했을 때 이것을 인지하는 속성을 말합니다. 즉, '대상을 보는 것만으로도 어떻게 사용하는지 알 수 있는가' 또는 '기획자의 의도대로 행동하는가'를 나타냅니다. 예를 들어 아이폰 초기 버전에서 행동 유도성을 높이기 위해 오른쪽으로 슬라이드하라는 안내 문구와 화살표 버튼을 통해 잠금 해제 UI를 디자인한 적이 있습니다. 이러한 직관적인 UI가 '어포던스'를 고려한 디자인에 해당합니다.

아이콘과 안내 문구로
어포던스를 높인 잠금 해제 버튼
(출처: Smashing Magazine)

와이어프레임^{wireframe}: 와이어프레임이란 '선^{wire}으로 틀^{frame}을 잡는다.'라는 뜻으로, 제품·서비스의 화면별 구성과 정보를 로우 피델리티로 구성한 것입니다. 주로 기획 단계에서 작성하며 디자이너와 개발자의 피드백을 받고 실제 개발 단계로 넘어가기 전 기획을 구체화하기 위해 사용합니다. 여기에 각 요소에 대한 논리적 설명 등을 첨부해 기획서를 작성하기도 합니다.

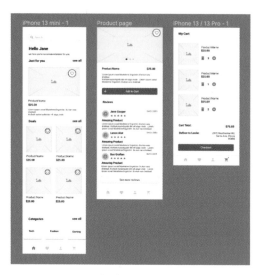

와이어프레임의 예

피델리티^{fidelity}: 디자인이 얼마나 구체적으로 구현되었는지, 색상이나 레이아웃 등이 얼마나 최종에 가까운지 등 디자인의 완성도를 의미합니다. 흔히 피델리티의 높고 낮음을 나타내기 위해 로우 피델리티^{low fidelity} 또는 하이 피델리티^{high fidelity}라고 표현합니다.

로우 피델리티(왼쪽)와 하이 피델리티(오른쪽)
(출처: 프로토파이 공식 페이지)

로우 피델리티는 손으로 그린 스케치나 기획서를 간단하게 묘사한 수준이고, 하이 피델리티는 디자인 프로그램을 이용해 색상이나 글꼴, 요소의 배치 등을 최종 디자인에 가깝게 만들어 충실도가 높은 상태를 의미합니다.

피처feature: 제품이나 서비스에서 하나의 기능의 가리키는 단위입니다. 그중에서도 핵심이 되는 기능을 키 피처key feature라고 하며 불필요한 기능이 덕지덕지 들어간 상태를 피처 크립feature creep이라고 합니다.

피저빌리티feasibility: 디자인과 개발에 필요한 자원, 기간, 예산 등을 바탕으로 도출한 '실현 가능성'을 뜻합니다. 흔히 아이디어를 선정하거나 피처를 정할 때 팀의 현재 자원으로 구현할 수 있는지 확인할 때 사용하는 용어입니다.

예: "피저빌리티를 따져 봤을 때 이번 프로젝트에 해당 피처는 들어가지 않는 게 좋겠어요."

프로토타입prototype: 서비스의 기능 및 사용성 테스트를 위해 제작하는 시제품을 뜻합니다. 개발자와 디자이너의 중요한 의사소통 수단이 되기도 하고, 사용자의 피드백을 얻는 데 사용하기도 합니다. 이 과정을 흔히 '프로토타이핑'이라고 표현합니다. 자원이 충분하지 않은 조직에서는 이 프로토타이핑 단계에 많은 시간과 노력을 투자하기 어려울 수도 있습니다.

1-4 서비스 기획부터 출시까지, 개발 방법론

우리가 사용하는 웹, 앱을 비롯한 모든 IT 제품을 개발하는 조직을 **프로덕트 조직**이라고 합니다. 이런 IT 프로덕트 조직에서 서비스 개발을 위해 사용하는 대표적 방법론으로 **워터폴**waterfall과 **애자일**agile이 있습니다. 조직이 어떤 개발 방법론을 채택하냐에 따라 PM의 역할이 달라질 수 있으므로 각 방법론의 특징과 핵심을 이해해 두는 게 좋습니다.

워터폴 vs. 애자일

워터폴은 모든 요구 사항에 대한 정의를 먼저 마친 다음 이를 바탕으로 기획부터 출시까지 전체 과정을 순서대로 진행하는 방식을 말합니다. 한 단계가 끝나야만 다음 단계로 넘어가는 방식으로, 주로 대기업에서 외주 업체에 작업을 맡길 때 이 방법론을 사용하곤 합니다. 모든 기능이나 일정이 결정된 다음 개발하기 때문에 이름 그대로 순차적으로 일이 진행된다는 장점이 있습니다(폭포수 모델이라고도 부릅니다). 그러나 개발 도중 디자인을 수정해야 하거나 초기 모델에 사용성 문제를 발견했을 때 유연한 대처가 어렵습니다. 특히 출시를 앞둔 시점에 이런 문제가 발생하면 대처하기가 굉장히 어렵다는 위험 요소가 있습니다.

애자일은 워터폴의 단점을 보완하기 위해 등장한 개발 방법론으로, '포괄적인 문서보다 작동하는 소프트웨어를, 계약과 협상보다 고객과의 협력을, 계획을 세우는 것보다 변화에 대응하는 것'을 추구합니다. 모든 설계를 완성한 후 계획에 따라 진행하는 워터폴과 달리 애자일은 전체 과정을 세부적으로 쪼갠 다음 개발해 이전 단계에서 문제가 생기면 다시 돌아가 유연하게 수정할 수 있습니다. 또, 제품·서비스를 출시한 후에도 사용자의 반응에 즉각 대응할 수 있죠. 주로 시장과 사용자 변화에 빠르게 대응해야 하는 스타트업에서 사용하던 방법론이었지만, 최근에는 대기업에서 사내 벤처나 소규모 팀을 구성하여 '애자일하게' 움직이려는 변화가 일어나고 있습니다.

	워터폴	애자일
진행 방식	요구 사항에 맞춰 기획 → 디자인 → 개발 순서로 진행	짧고 반복적인 스프린트 사이클을 통해 제품 개발

장점	• 이해하기 쉽고 실행하기 간단 • 요구 사항이 명확할수록 높은 품질의 산출물 제작 가능	• 변화에 유연하고 고객의 피드백을 적극적으로 수용 가능 • 프로젝트 도중에도 요구 사항 변경 가능
단점	• 개발 도중 수정하거나 이슈에 대응하기가 어렵고 유연하지 못함 • 요구 사항이 명확하지 않으면 프로젝트 실패 확률이 높음	• 프로젝트 산출물을 예상하기 어려움 • 요구 사항 변경에 따른 실무자 간의 협업 업무가 큰 비중을 차지할 수 있음

'애자일하게' 실무하는 법

애자일 방식을 채택한 조직이라면 무엇보다 프로젝트의 장기적인 방향(로드맵)을 중심으로 단기적 목표를 설정하고 달성해야 합니다. 그러기 위해선 개발할 피처에 대한 우선순위를 결정하는 것이 중요합니다.

우선순위가 높아 개발하기로 결정된 피처들은 **스프린트**sprint라는 개발 사이클 안에 들어갑니다. 보통 실무에서는 2~4주 정도를 하나의 스프린트 기간으로 잡고 디자인과 개발이 진행됩니다. 스프린트를 담당하는 제품 관리자는 일별로 수행한 업무와 추후 수행할 업무에 대해 실무자들과 대화를 나누고, 논의가 필요한 부분에 대해서 협업을 조율합니다.

매 스프린트가 끝날 때마다 잘된 것, 부족했던 것, 개선할 것에 대해서 회고를 하고 스프린트 전에 세웠던 목표나 가설에 대한 점검이 이루어집니다. 현재 조직이 제품과 서비스를 방향성에 맞게 잘 개선하고 있는지 지속적으로 피드백합니다. 그리고 다음 스프린트에 개발해야 할 피처에 대한 우선순위를 정하는 단계로 넘어가면서 제품 개선 과정이 순환됩니다.

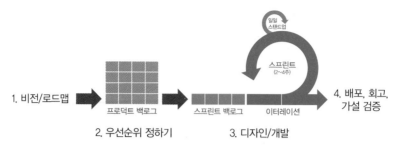

제품 개발 프로세스

이 과정을 통해 지금 당장 개발할 필요가 없는 우선순위가 낮은 피처를 잘 정리해 두는 게 좋습니다. 이러한 피처를 **백로그**^{backlog}라고 하며 PM은 백로그에서 사용자에게 임팩트가 높은 피처를 잘 선정하고 관리하는 능력을 갖춰야 합니다.

> 💡**용어 사전** **백로그**
>
> **백로그**backlog는 우선 개발해야 하는 기능 또는 일정을 뒤로 미룬 피처를 말합니다.

1-5 린 스타트업과 MVP

페이스북, 에어비앤비 등의 스타트업들이 잇달아 성공함에 따라, 애자일과 린 스타트업 두 키워드가 시장에 큰 영향력을 미쳤습니다. 애자일이 작고 유연하게 개발하는 개발 방법론이라면, 린 스타트업은 빠르게 제품을 시장에 선보여 사용자들의 피드백을 통해 개선하고 시장에서 영향력을 키워 나가는 일종의 경영 방법론이라고 할 수 있습니다. 린 스타트업을 위해서는 최소존속제품인 MVP가 필요한데요, 지금부터 린 스타트업과 MVP에 대해 자세히 알아보겠습니다.

린 스타트업

린 스타트업^{lean startup}은 한 번에 완벽한 제품을 만들어 내기보다 최소한의 프로덕트를 개발해 빠르게 출시한 다음 사용자의 반응을 즉각 반영하면서 개선하는 방법론입니다.

린 개념을 잘 적용한 국내 사례로는 '스터디파이'가 있습니다. 온라인 교육 플랫폼인 스터디파이는 수강 도중 이탈률이 높은 온라인 스터디 시장에서 '스터디 완주 시 수강비를 환급해 준다면 완주율이 올라갈 것'이라는 가설을 세웠습니다. 이후 10만 원의 참가비를 받고 완주한 사람에게는 5만 원을 환급해 주는 방식으로 초기 사용자를 모집했습니다.

스터디파이

이 '의지 구매' 방식은 평균 5% 미만이었던 온라인 강의 플랫폼의 스터디 완주율을 50%까지 끌어올렸습니다. 더 놀라운 점은 이 가설을 검증하려 처음부터 완벽한 사이트를 개발한 것이 아니라 슬랙이나 구글 문서 등 외부 서비스를 적극 활용하여 이 비즈니스 모델이 시장성이 있는지 검증했다는 것입니다. 고객의 피드백이나 시장의 변화에 따라 더 빠르고 유연하게 대처할 수 있다는 점에서 린 스타트업 방식은 빠르게 변하는 시장에 적합합니다.

최소한의 제품으로 최대한의 효과를 내는 법, MVP

린 스타트업을 설명하면서 빼놓을 수 없는 개념 중 하나가 바로 **MVP**minimum viable product입니다. MVP는 '사용자의 니즈를 검증할 수 있는 최소한의 제품'을 뜻합니다. 예를 들어 '편리하게 이동하기'라는 사용자의 니즈를 검증하기 위해 처음부터 자동차를 만드는 것이 아니라 먼저 이동이라는 과제를 최소한으로 수행할 수 있는 스케이트보드를 시장에 선보이는 것입니다. 이를 통해 이동에 대한 사용자의 니즈를 검증한 후 시장의 피드백에 따라 킥보드, 자전거, 오토바이 그리고 자동차까지 점점 개선해 나갈 수 있습니다.

이처럼 시장 검증을 위해 개발한 최소한의 기능을 가진 제품이 MVP로, 사용자의 피드백을 수집하고 이를 바탕으로 다음 단계로 나아가는 것이 린 스타트업입니다.

린 스타트업의 제품 개발 방식

이때 '최소한'의 의미를 오해해서는 안 됩니다. 최소한이란 기능이 모자라다는 뜻이 아니라 시장에서 사용자의 니즈를 검증할 수 있을 정도의 최소한이란 뜻입니다. 즉, 제품으로 사용이 가능한 최소한의 조건을 갖추어야 합니다.

예를 들어 '토스'는 다양한 기능을 포함한 제품을 출시하지 않고, 송금만 가능한 제품을 먼저 출시하여 시장의 반응을 검증한 후 차츰 금융 앱의 기능을 추가하였습니다. '직방'의 경우 관악구 일대의 원룸을 중심으로 매물을 탐색할 수 있도록 하였습니다. '당근'의 경우 판교장터라는 이름으로 판교 일대에서 먼저 MVP를 개발하여 사용자들의 반응을 확인한 후 차츰 운영 지역과 기능을 늘렸습니다.

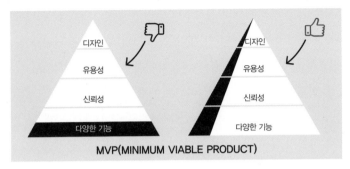

올바른 MVP의 구성

최근에는 MLP^minimum lovable product라는 단어가 등장하기도 했습니다. MLP란 사용자가 좋아할 만한 기준까지 충족시키는 제품을 뜻합니다. '시장 검증이 가능한 정도'보다 좀 더 높은 수준이죠. 이는 디지털 환경에 익숙해진 사용자의 제품·서비스에 대한 기대 심리가 높아졌기 때문입니다.

1-6 문제 해결을 위한 생각 도구들

문제 해결의 중요성

제품·서비스 기획 과정에서 가장 중요한 것을 꼽으라면 저는 주저 없이 **문제 정의**라고 말할 것입니다. 앞서 스타트업이 실패하는 이유 중 하나가 '시장 니즈 없음'이었던 것을 기억하나요? 기업의 성패는 결국 사용자의 문제를 얼마나 잘 해결해 주는가에 달려 있습니다. 사용자가 불편과 결핍을 느끼는 지점을 관찰하고 기존의 제품·서비스가 해내지 못한 것을 효과적으로 해결하는 것이 관건입니다. 그리고 문제를 해결하기 위해선 문제를 잘 정의하는 게 중요하죠.

다음은 제품 개발 프로젝트의 시작부터 출시까지 시간의 흐름을 나타낸 그래프입니다. 왼쪽 세로축은 디자인 대안의 개수(아이디어)를 나타내며, 출시가 가까워지면서 점점 하나로 수렴합니다. 오른쪽 세로축은 계획이나 디자인 방향성 등을 변경하는 데 드는 비용(시간과 비용에 따른 리스크)을 나타냅니다. 만약 서비스 출시가 다가온 시점에 큰 기능을 수정하거나 디자인을 변경한다면 비용과 자원이 많이 들겠죠? 이런 상황을 예방하려면 문제를 초기부터 정확하게 정의하는 것이 좋습니다.

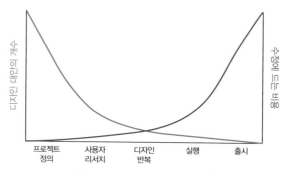

프로젝트 정의부터 출시까지 아이디어와 비용 그래프

실제 기업에서 PM을 채용하기 위해 면접을 진행할 때에도 사용자들이 직면한 문제를 잘 파악하고 있는지를 중요한 역량으로 봅니다. 또한 업계에서 영향력을 가진 PM들도 문제 해결 방법을 고민하기에 앞서 문제를 정의하는 데 시간을 투자해야 한다고 강조하고 있습니다.

5 whys

5 whys는 해결하려는 문제에 '왜?'라는 질문을 던지고 그에 답하면서 문제의 근본을 파악하는 도구입니다. 처음 발견한 문제 현상에 대해 '그래서?', '그게 왜 발생했는데?'와 같은 질문을 반복해 가며 현상의 가장 깊은 곳까지 파고들어 가는 방식이죠.

제가 초기에 참여했던 라이브 커머스 플랫폼인 '볼라'를 예로 들어 보겠습니다. 볼라는 라이브 영상으로 판매자와 구매자가 소통하면서 원하는 의류를 간편하게 고르고 구매할 수 있는 플랫폼으로, 초기 기획 단계에는 시장의 문제를 관찰하고 정의하는 과정이 큰 비중을 차지했습니다. '쇼핑몰에서 옷을 샀는데 실패했다.'라는 문제 현상에서 시작하여 5 whys 방법론을 통해 다음과 같이 문제를 깊게 파고들어 보았습니다.

쇼핑몰에서 옷을 샀는데 실패했다.

↓ 왜?

사이즈가 맞지 않고, 색상과 퀄리티도 사진과 달랐다.

↓ 왜?

사진으로는 정확한 사이즈와 재질을 알기 어렵다.

↓ 왜?

쇼핑몰의 모델 착용 샷에 포토샵 보정이 많이 들어 간다.

↓ 왜?

포토샵으로 보정된 싸고 예쁜 옷이 잘 팔린다.

처음에는 **인터넷에서 옷을 구매했을 때의 불편함을 관찰**하는 데에서 출발했습니다. 누구나 온라인 쇼핑몰에서 옷을 샀다가 실패하는 경우가 종종 있죠. 여기에서 구매 실패가 발생한 이유는 무엇일까요(why)? 막상 옷을 구매하고 나서 보니, 사이즈도 맞지 않고 색상이나 재질도 사진과 다른 경우가 있었던 겁니다. 왜냐하면(why) 사진만으로는 정확한 사이즈와 재질을 판단하기가 어렵기 때문입니다. 쇼핑몰에 사용된 사진은 대부분 보정되어 실물과는 차이가 나기 때문이죠. 사진을 과하게 보정하는 이유(why)는 사진이 실물보다 예쁘게 보여야 훨씬 더 구매율이 올라가기 때문입니다. 볼라 팀은 구매 실패의 근본적인 원인을 깊게 파고들면서 저렴하고 품질이 낮은 의류를 과도한 보정과 인플루언서 마케팅을 통해 팔아 이득을 취하는 다수의 쇼핑몰, 그로 인해 피해를 입은 구매자들, 더 나아가서는 의류 시장 전체에 끼치는 부정적 영향을 발견했습니다.

이런 방식으로 문제를 파헤쳐 가다 보면, 사용자들이 기존 시장에서 불편을 겪는 지점들을 발견하고, 한발 더 나아가 현재 사용자들이 어떻게 그 문제들을 극복하고 있는지에 대해서 관찰할 수 있게 됩니다. 이렇게 문제를 발견하는 데서 프로젝트가 시작됩니다.

2x2 매트릭스

2×2 매트릭스는 피처의 우선순위를 정할 때 유용한 의사결정 도구로, 피처가 사용자에게 제공하는 가치와 필요한 자원을 시각적으로 표현하는 방식입니다. 다음 그래프에서 가로축은 자원의 발생 정도를 나타냅니다. 자원이 적게 발생할수록 회사는 부담 없이 빠르게 개발할 수 있습니다. 그리고 세로축은 이 피처가 사용자에게 얼마나 큰 가치를 제공하는지를 나타냅니다. 따라서 개발하려는 피처가 그래프에서 오른쪽 상단에 위치할수록 적은 자원으로 사용자에게 큰 가치를 제공한다는 뜻이므로 우선순위가 높다고 판단할 수 있습니다.

2x2 매트릭스

이처럼 2×2 매트릭스는 시간과 인력 등의 자원이 충분하지 않은 환경에서 구현해야 할 피처의 우선순위를 결정하는 데 도움이 됩니다.

골든 서클

골든 서클golden circle은 작가이자 연설가인 사이먼 사이넥Simon Sinek이 고안한 방법론으로, '왜'를 중심에 두고 제품 또는 서비스의 방향과 정체성을 정의하는 도구입니다. '왜?'라는 질문에서 시작하면 사용자 중심으로 생각할 수 있고 또 사용자로부터 공감을 얻을 수 있어 무척 유용한 생각 도구가 되죠.

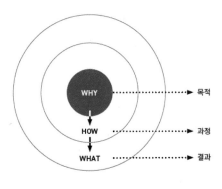

골든 서클

사람의 뇌는 의사결정을 하기 전에 감정적으로 먼저 설득이 되어야 행동으로 옮기게 설계되어 있습니다. 이는 제품이나 서비스가 아무리 좋아 보여도 왜 그것을 사용해야 하는지에 대한 공감이 없다면 행동으로 이어지지 않는다는 뜻입니다. 골든 서클은 이 설득을 위한 방법으로, '무엇을'이 아닌 '왜'에서 시작할 것을 제안합니다. 즉, 제품·서비스를 개발할 때 '무엇을' 만들 것인가를 먼저 생각하지 않고 '왜' 만들어야 하는가를 생각하게 하죠.

일반적인 기획 – 판매 순서	골든 서클에 따른 기획 – 판매 순서
1. 무엇을(what): 어떤 기능이 있는 제품·서비스를 만들지 결정한다.	1. 왜(why): 제품이 존재해야 하는 이유와 목적을 묻는다.
2. 어떻게(how): 어떤 과정을 거쳐 만들지 고민하고 개발한다.	2. 어떻게(how): 목적을 실현하기 위한 방법이나 제품, 비즈니스 모델을 찾는다.
3. 왜(why): 사용자가 왜 이 제품을 사용해야 하는지 설득한다.	3. 무엇을(what): 이유와 목적에 맞는 제품·서비스를 개발한다.

예를 들어, 애플의 슬로건인 **Think Different**(다르게 생각하라)는 애플 제품 개발 과정의 출발점이기도 합니다. '왜 제품을 개발하는가?', '왜 애플은 존재하는가?'라는 질문(why)에 대한 답이 바로 Think Different입니다. 기존의 사고 틀에서 벗어나 다르게 생각하고, 더 나은 세상으로 바꾸자는 것이죠. 이를 달성하기 위한 하나의 방법(how)으로 애플은 유려한 디자인, 단순한 사용법, 사용자 친화적 제품을 만듭니다. 그렇게 탄생한 것이 아이폰, 애플워치, 아이패드 등 애플의 제품(what)입니다. 그래서 애플의 제품은 사람들이 애플을 떠올릴 때 그들의 제품만이 아닌, 그 이상의 무언가를 떠올리게 하는 결과를 만들었습니다.

이처럼 골든 서클은 제품·서비스의 기능이 아닌 '왜?'라는 근본적인 질문을 통해 사용자에 집중하게 만드는 효과가 있어 사용자 중심으로 사고하는 데 도움을 줍니다.

5 whys 실습하기

최근 일상에서 불편을 느꼈던 경험을 나열해 보고 5 whys를 활용해 문제의 원인을 분석해 보세요. 이 과정에서 발견한 문제 중 하나를 골라 이후 이 책의 미션들을 수행해 나가면서 하나의 프로젝트로 발전시켜 보세요.

[예시]

다이어트에 실패했다.

↓ 왜?

꾸준히 운동하지 못했고, 식단도 엉망이다.

↓ 왜?

혼자서 운동하니 방법을 모르겠다.

↓ 왜?

PT를 시도해 보았지만 나에게 맞는 트레이너를
찾지 못했고 돈만 낭비했다.

↓ 왜?

내 체형과 성향에 맞춰 PT를 계획하는
1:1 맞춤 트레이너를 찾기가 무척 어렵다.

2장

성공하는 제품을
위한 리서치

66 성공적인 리서치는 '나는 사용자가 아니다.'라는 것을
인정하는 데서 시작합니다. 그리고 사용자를 바라볼 수 있을
때 비로소 리서치를 성공적으로 마무리할 수 있습니다. 99

_NN/g UXMC UX 리서처, 김은희

2-1 비즈니스의 목표와 시장 이해하기

훌륭한 UX, 즉 사용자 경험은 사용자의 니즈를 만족시킬 뿐만 아니라 조직의 비즈니스 목표와도 방향이 일치합니다. 사용자를 만족시키면서도 조직의 이익을 끌어내는 게 PM의 중요한 역할이죠. 그러려면 먼저 프로젝트의 목표를 명확하게 설정해야 합니다. 명확한 목표는 타깃, 서비스 요구 사항, 일정, 리스크 요소 등을 정의했을 때 정할 수 있습니다. 그리고 이 모든 것은 **리서치** research라는 조사 · 분석 과정을 거친 다음에야 명확하게 정의할 수 있죠.

앞서 PM의 역할은 조직의 목표와 방향을 같이하면서도 사용자 니즈를 만족시키는 것이라고 했습니다. 즉, 리서치 대상에 조직도 포함됩니다. 따라서 사용자를 리서치하기 전에 조직의 비즈니스 목표와 이해관계를 파악하는 과정을 하나씩 살펴보겠습니다.

비즈니스 목표를 세우는 이해관계자 인터뷰

리서치의 첫 단계는 프로젝트에 직간접적으로 참여하거나 영향을 끼치는 **이해관계자**stakeholders를 인터뷰하는 것입니다. 이해관계자는 회사의 경영진, 사업 부서, 마케터, 프로젝트 매니저, 개발자, 디자이너 등 프로젝트에 참여하는 실무자와 의사결정자라면 누구나 될 수 있습니다.

이 인터뷰의 목적은 우리가 만들고자 하는 제품 · 서비스의 목표를 명확하게 이해하는 것입니다. 따라서 이해관계자들을 인터뷰할 때는 해결책이나 세부 기능에 집중하기보다 목표 고객은 누구인지, 해결하고자 하는 문제점은 무엇인지, 조직과 프로젝트의 목표는 무엇인지 등에 집중하는 것이 좋습니다. 같은 문제를 두고도 이해관계자마다 입장과 의견이 다를 수 있으므로 이를 잘 종합하면 넓은 시각을 얻을 수 있습니다.

정보를 효과적으로 수집하려면 질문의 범위를 비즈니스, 시장, 사용자로 구분하는 게 좋습니다. 그리고 이 3가지 범위 안에서 다음과 같은 질문들을 할 수 있습니다.

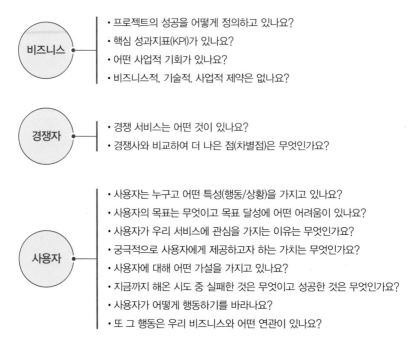

이해관계자 인터뷰를 통해 얻을 수 있는 것은 크게 3가지입니다. 첫째, 요구사항을 더 효과적으로 수집하고 우선순위를 보다 명확하게 이해할 수 있습니다. 우선순위를 명확히 이해하면 더 빠르게 의사결정을 할 수 있죠. 둘째, 대화를 나누는 과정에서 이해관계자들과 긍정적인 관계를 형성할 수 있습니다. 이해관계자들은 의사결정자이자 실무자이므로 이들의 적극적 지원과 참여 없이 프로젝트를 성공적으로 진행하기 어렵습니다. 따라서 긍정적인 관계를 맺기 위한 의사소통은 꼭 필요합니다. 셋째, 이해관계자 간 입장 차이로 대립이 있을 때 중재할 수 있습니다. 인터뷰를 하면서 각 부서의 입장을 잘 파악할 수

있기 때문입니다. 이처럼 이해관계자 인터뷰는 같은 조직에서도 흩어진 의견과 데이터를 조합합니다. 이 과정에서 이해관계자들과 긍정적 관계를 만들어야 하므로 부드러운 소통 능력이 필요합니다.

Mission 이해관계자 인터뷰하기

이번 미션은 앞서 5 whys에서 파악한 문제를 프로젝트로 구체화시켜 가상 이해관계자 인터뷰를 진행해 봅시다. 스스로를 이해관계자라 가정하고 다음 5개 질문에 답해 보세요.

1. 어떤 문제를 해결하려고 하나요?
2. 사용자는 누구인가요?
3. 사용자는 왜 불편함을 느끼고 무엇을 필요로 하나요?
4. 사용자는 이 문제를 어떤 식으로 해결하고 있나요?
5. 문제를 해결하는 데 가장 큰 장애물은 무엇인가요?

이 질문들은 사용자를 정의하고, 문제를 파악하고, 해결하기 위해 늘 고민하는 지점을 모두 담고 있습니다. 실무에서 끊임없이 논의하는 질문인 만큼 꼭 이 과제를 수행해 보세요.

2-2 리서치의 기본, 데스크 리서치

데스크 리서치desk research란 제품 · 서비스와 관련된 트렌드, 시장과 같은 외부 상황과 조직의 내부 상황 등 전체적인 맥락을 파악하고 분석하는 조사를 뜻합니다. 리서치에서 가장 중요한 대상은 사용자이지만, 앞서 이해관계자를 비롯해 시장과 경쟁사를 가능한 많이 파악할수록 얻는 데이터와 아이디어가 풍부해집니다. 그렇다면 이번엔 앞서 예시로 살펴본 패션 라이브 커머스 플랫폼 '볼라'를 예시로 시장 및 경쟁사 조사, 즉 데스크 리서치를 하는 과정을 알아보겠습니다.

시장 흐름 살펴보기

앞서 5 whys의 예시에서 우리가 파악했던 문제는 사용자가 온라인으로 옷을 구매했을 때 기대를 밑도는 품질 낮은 옷이 배송된다는 것이었습니다. 이처럼 문제를 발견했을 때는 그 원인을 파악하는 것이 가장 중요합니다. 데스크 리서치를 시작할 때는 현재 시장과 고객이 어디를 향하고 있는지 전체적인 흐름을 파악하는 것이 도움이 됩니다. 따라서 이 문제의 데스크 리서치를 위해 먼저 '온라인 의류 쇼핑' 시장의 배경을 조사했습니다.

온라인 의류 쇼핑의 주요 고객은 20대 초·중반 여성으로, 이들은 블로그, 인스타그램 등 SNS의 1인 마켓을 즐겨 이용하는 경향이 있습니다. 1인 마켓의 흐름을 보면 2016년엔 블로그 마켓 플랫폼인 '브랜디', 2018년에는 SNS 인플루언서들을 전면에 내세운 마켓 플랫폼 '에이블리'가 출시되면서 의류 시장 내 입지를 다졌습니다. 또, SNS 인플루언서들이 패션 시장에 진출하기 시작하면서 그들의 팬이 소비자로 유입되는 사례가 증가하자 이에 발맞춰 관련 플랫폼들도 적극적인 프로모션을 진행하고 사업 확장을 시도했습니다.

2016년 '브랜디' 론칭 블로그 마켓 모음　　　2018년 '에이블리' 론칭 인스타 마켓 모음

문제는 이런 플랫폼에 입점한 많은 쇼핑몰과 브랜드에서 높은 이득을 얻기 위해 질 낮은 옷을 저렴하게 많이 판매하는 박리다매 방식을 취하기 시작했다는 것입니다. 결국 이는 소비자의 불만으로 번졌고, 플랫폼들은 고객을 유치하기 위해 쿠폰을 마구잡이로 발행하는 상황으로 이어졌습니다.

사용자들이 이 불편함을 해결하기 위해 찾은 곳은 인스타그램, 페이스북 등 SNS의 라이브 마켓이었습니다. 라이브 마켓은 사용자와 판매자의 실시간 소통이 가능한 공간으로, 규모가 작은 대신 실제에 가까운 제품의 색상, 질감 등은 물론이고 인플루언서가 직접 착용한 모습도 영상으로 볼 수 있어 플랫폼에서 겪던 불편함을 해소할 수 있었기 때문입니다. 따라서 자연스럽게 SNS를 중심으로 공동체가 형성되기 시작했습니다.

이처럼 제품·서비스가 속한 시장의 전반적인 흐름을 조사하면 시장에 얽혀 있는 다른 경쟁사들이 어떤 식으로 변화해 왔고 현재 사용자들은 어떻게 대응하고 있는지를 알 수 있습니다.

시장의 상황과 방향성을 찾는 포지셔닝 맵

시장의 흐름을 파악했다면 현재 사용자의 문제를 해결하기 위한 방향성을 어떻게 가져야 하는지, 경쟁사들과 어떠한 차별점을 두는 게 좋을지 고민해야 합니다. 이때 유용한 도구인 **포지셔닝 맵**을 소개합니다. 포지셔닝 맵이란 제품·서비스의 경쟁사 또는 관련 브랜드를 그래프로 배치해 시장에서 이들의 위치를 시각적으로 비교하는 도구입니다.

'볼라'의 경쟁사 분석을 위한 포지셔닝 맵을 살펴보겠습니다. 먼저 세로축과 가로축의 기준을 잡습니다. 이 포지셔닝 맵을 보면, 세로축에서 왼쪽으로 갈수록 '상품 노출/검색 중심', 오른쪽으로 갈수록 '소통/관계 중심'이라는 기준을 잡았습니다. 그리고 가로축에선 위로 갈수록 '1인 마켓(쇼핑몰)', 아래로 갈수록 '브랜드샵(B2C)'라는 기준을 잡았습니다. 그리고 각 기준에 맞는 경쟁사들을 분석해 배치했습니다.

💡Tip. 타깃 시장과 방향성에 따라 축은 달라질 수 있습니다.

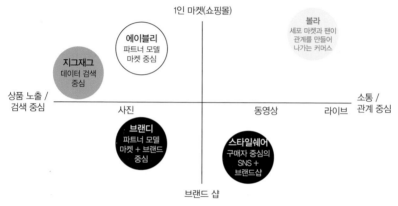

경쟁사 분석을 위한 포지셔닝 맵

이처럼 포지셔닝 맵을 활용하면 경쟁사의 제품·서비스가 시장에서 차지하는 위치를 시각적으로 한눈에 볼 수 있을 뿐만 아니라 우리의 제품·서비스가 나아가야 할 방향에 대한 단서도 찾을 수 있죠.

앞서 의류 시장의 흐름을 살펴봤을 때 사용자들이 소통에 강점이 있는 라이브 마켓을 선호하는 것을 발견했습니다. 그리고 포지셔닝 맵으로 '소통/관계 중심'을 지향하는 시장이 비어 있는 것까지 확인했으니, 그렇다면 '소통/관계 중심의 서비스로 방향성을 잡으면 문제점을 개선할 수 있다.'는 가설을 세울 수 있습니다.

경쟁 분석

포지셔닝 맵을 통해 경쟁사들이 시장에서 차지한 위치를 분석했다면, 다음으로는 각 경쟁사가 어떤 장단점을 갖고 있는지 파악하는 것이 좋습니다. 이때 유용한 도구가 바로 **경쟁 분석**competitive analysis입니다. 경쟁 분석은 보통 3~5개의 제품·서비스를 표로 비교하는 방식으로, 가장 보편적으로는 피처를 나열하고 경쟁사가 이 피처를 가지고 있는지를 비교합니다. 예시로 미국의 공유 차량 서비스인 우버와 리프트 그리고 택시를 비교한 경쟁 분석표를 살펴보면 다음과 같습니다.

Tip. 단순히 피처 유무 외에 피처의 수준을 비교하기도 합니다.

● Yes ● No	Uber	lyft	TAXI
안전 시스템	●	●	●
함께 타기	●	●	●
도착 시간	●	●	●
가격 미리보기	●	●	●
음식 주문	●	●	●
관광하기	●	●	●
보상	●	●	●
기사 선택	●	●	●
평점	●	●	●

우버, 리프트, 택시의 경쟁 분석표 예시

이처럼 경쟁 분석을 하면 경쟁사마다 제품·서비스의 차이점을 한눈에 알 수 있는 것은 물론이고 사용성 이슈나 부족한 피처를 보완하는 데도 도움이 됩니다. 하지만 경쟁 분석은 이미 시장에 있는 해결책을 파악하는 것이므로 이 방법에 전적으로 의존하면 창의력이 제한될 수 있습니다. 또한 모든 제품·서비스의 맥락은 다를 수 있기 때문에 다른 곳에서 잘된 디자인이라고 해서 무작정 가져다 쓴다거나 하는 오류를 범해서는 안 됩니다.

🔊 **Mission** **경쟁 분석표를 이용한 경쟁사 분석하기**

템플릿 : 경쟁 분석표

이번에는 경쟁 서비스들을 사용해 보고 경쟁사 분석표를 작성해 보세요. 상단에는 경쟁사를 쓰고 왼쪽에는 비교할 항목을 적습니다. 비교 항목은 다양하지만 다음 예시에서는 간단하게 4가지로 정리해 보았습니다. 이외에 사용자 간 인터랙션이 있는지, 콘텐츠나 정보 접근성은 어떤지 등 리서치 목적에 따라 여러 가지 비교 항목을 넣을 수 있습니다.

이 분석에서 얻은 결과물은 이후 제품·서비스를 전략적으로 기획하는 데 유용한 자료가 됩니다. 단, 무조건 경쟁사를 따라 하는 방식은 위험할 수 있습니다. 사용자가 제품이나 서비스를 사용하는 맥락과 행동은 비슷한 산업군이라고 해도 다를 수 있기 때문입니다.

경쟁 분석표 예

항목(피처)	A사	B사	C사
타깃 사용자			
제공하는 핵심 가치			
장점			
단점			

💡**Tip.** 비교 항목은 리서치의 목적에 따라 바꿀 수 있습니다.

2-3 사용자의 니즈를 파악하는 리서치

사용자의 니즈를 파악하기 위해 수행하는 분석 · 조사를 **사용자 리서치**^{user} ^{research} 또는 **UX 리서치**^{UX research}라고 합니다. 사용자를 조사한다는 데서 같은 목적을 가진 것 같지만, 엄밀히 말하면 두 리서치에는 미묘한 차이가 있습니다. 사용자 리서치는 사용자에 초점을 맞춰 리서치를 수행하는 반면, UX 리서치는 서비스 및 제품이 사용자와 상호 작용하면서 미칠 수 있는 모든 요소를 개선하는 데 초점을 맞춥니다. 넛지 등 비즈니스 의도가 반영된 제품의 사용성 테스트 등이 그 예입니다. 우리는 이미 운영 중인 제품 · 서비스가 아닌 새로운 제품 · 서비스를 기획하고 구체화하는 과정을 다루기 때문에 UX 리서치가 아닌 사용자 리서치를 중점으로 다룰 것입니다.

사용자 리서치는 말 그대로 사용자가 원하는 제품 · 서비스를 제공하기 위해 사용자에 대한 데이터를 모으는 과정입니다. 따라서 프로젝트 성격에 따라 리서치 도구와 방법도 다양해집니다. 그중에서도 가장 대표적인 리서치 방법들을 살펴보겠습니다.

정성적 리서치와 정량적 리서치

사용자 리서치는 크게 정성적 리서치와 정량적 리서치로 나뉩니다. **정성적 리서치**^{qualitative research}는 사용자의 생각과 감정에 초점을 맞춥니다. 대표적으로 사용자 관찰, 리뷰 등이 있죠. 반면 **정량적 리서치**^{quantitative research}는 측량이 가능한 수치, 데이터를 바탕으로 사용자의 행동을 분석하는 데 초점을 맞춥니다. 분석에 사용하는 대표적인 지표 데이터로는 회원가입률, 구매 전환율, 재방문율 등이 있습니다.

두 리서치 중, 더 중요하다거나 덜 중요한 건 없습니다. 실무에서는 두 리서치를 함께 사용하는 경우가 흔합니다. 예를 들어 사용자 관찰(정성적 리서치)로 얻은 인사이트로 가설을 세운 다음 사용자 데이터를 분석(정량적 리서치)하면서 가설을 검증하기도 하고, 사용자 행동 지표(정량적 리서치)들을 토대로 문제점을 발견했다면 이를 해결하기 위해 사용성 테스트나 심층 인터뷰(정성적 리서치)를 하기도 합니다. 따라서 두 가지 리서치를 모두 제대로 파악하는 것이 중요합니다.

그중에서 정성적 리서치는 데이터를 분석하는 정량적 리서치와 달리 사용자와 직접 대면하고 소통하는 경우가 많습니다. 관찰 기법, 심층 인터뷰 등이 대표적인 예인데요. 프로젝트에 필요한 좋은 재료를 모으는 단계이기 때문에 꼭 필요한 과정이죠. 실무에서는 흔히 어떤 방식으로 정성적 리서치를 진행하는지 하나씩 살펴보겠습니다.

사용자 관찰하기

정성적 리서치의 기본은 사용자가 제품·서비스를 어떻게 이용하는지 또는 타깃 사용자가 어떤 맥락에서 특정 행동 패턴을 보이는지 등을 관찰하는 것입니다. 필자가 참여한 프로젝트인 '마이뮤직테이스트'를 예로 들어 보겠습니다.

'마이뮤직테이스트'는 공연 수요 데이터 중심의 플랫폼으로, 타깃 사용자는 케이팝K-Pop 아이돌 팬인 10~20대였습니다. 대부분 해외 사용자였죠. 프로젝트에 막 참여했을 당시 저는 아이돌 중심의 음악 시장에 큰 관심도 없었던데다 매주 쏟아지는 새로운 뮤지션을 공부해야 하는 어려움도 있었고, 무엇보다 팬들의 행동을 이해하기가 가장 힘들었죠. 그래서 직접 공연이나 팬 미팅 현장을 방문하면서 그들을 관찰하기 시작했습니다. 어느 날은 아이돌 그룹의 공연을 보고 나오는 한 팬이 눈물을 쏟는 장면을 목격하기도 했죠.

공연 관람 후 감격한 팬의 모습

사용자를 관찰하는 것은 사용자를 알아 가는 과정입니다. 그들이 어떤 생활 양식을 가지고 있고 어떤 콘텐츠에 열광하며 무엇에 불편을 느끼는지 자주 접하고 관찰할수록 리서치의 질이 높아질 뿐만 아니라, 리서치 결과로부터 인사이트를 뽑을 때도 사용자 관점에서 접근할 가능성이 높아집니다. 처음 제품·서비스를 기획한다면 꼭 잠재 사용자가 있는 현장에서 그들의 행동, 맥락, 니즈 등을 관찰해 보기 바랍니다.

심층 인터뷰

심층 인터뷰in-depth interview는 사용자가 제품·서비스를 이용하는 데 영향을 미치는 모든 요인을 알아내는 방법입니다. 타깃 사용자 3~5명과 직접 대면하고 대화하는 방식으로 진행되며 짧은 시간에 직접적인 데이터를 얻을 수 있는 좋은 방법이죠. 심층 인터뷰는 보통 한 패널당 30~60분 정도 소요되며 진행 과정은 다음과 같습니다.

심층 인터뷰 진행 과정

심층 인터뷰에 적합한 패널은 반드시 타깃 사용자 또는 프로젝트와 관련된 경험을 가진 대상이어야 합니다. 적합하지 않은 패널과의 인터뷰는 아무리 많이 해도 의미가 없습니다. 사용자를 직접 대면하고 소통이 필요한 방식인 만큼 섬세하게 접근할 필요가 있는데요. 각 단계가 어떻게 진행되고 어떤 점을 주의해야 하는지 살펴보겠습니다.

1단계 인터뷰 대상자 선정하기

인터뷰 설계의 첫 단계는 적합한 인터뷰 대상자를 선정하는 것입니다. 적은 수라도 우리 제품·서비스에 대한 인사이트를 줄 타깃 사용자를 선정해야 합니다. 예를 들어, 아이돌 팬의 니즈를 조사하기 위해 음악 스트리밍 서비스를 이용하는 사람을 대상으로 인터뷰하는 것보다는 팬 카페 활동을 하는 회원들을 조사하는 게 훨씬 의미 있는 결과를 얻을 수 있죠. 이처럼 인터뷰 대상자를 선정할 때도 몇 가지 기준이 필요한데요. 다음 3가지 기준을 활용하면 쉽게 인터뷰 대상자를 선정할 수 있습니다.

인터뷰 대상자 선정 시 고려 사항

제품·서비스에 대한 태도 및 이용 특성은 경쟁사나 기존 서비스의 사용자들을 대상으로 했을 때의 기준입니다. 예를 들어, 동영상 콘텐츠 서비스에 대한 심층 인터뷰를 설계한다면 매일 1시간 이상 유튜브를 시청하는 사용자가 그렇지 않은 사용자보다 좋은 인터뷰 대상일 것입니다. 제품·서비스의 주제와 연관성은 인터뷰 주제와 연관된 경험을 한 적이 있는 사용자를 대상으로 했을 때의 기준입니다. 가령 공연 관람이나 해외 직구 등의 경험을 예로 들 수 있습니다. 인구통계학적 기준은 나이, 성별, 국적 등을 뜻합니다. 앞의 두 기준은 함께 사용하거나 둘 중 하나만 사용해도 좋지만 인구통계학적 기준은 반드시 포함해야 합니다.

이렇게 3가지(또는 2가지) 기준에 충족하는 사용자를 선정하는 것을 **스크리닝** screening이라 합니다. 그럼 지금까지 살펴본 3가지 기준으로 인터뷰 대상자를 정한 예시들을 한번 볼까요?

- 예시 1) 인디 밴드 공연을 자주(월 1회 이상) 다니는 + 20~30대
- 예시 2) 배달 서비스 사용 경험이 있고 + 자취를 하는 + 30대 직장인
- 예시 3) 아이돌 팬클럽에 가입하고 + 엑스(구 트위터) 팬 계정을 운영하는 + 10~20대 케이팝 팬
- 예시 4) 월 1회 이상 옷을 구매하는 + 20대 초·중반 여성

스크리닝 과정을 거쳐 선정한 사용자와 그렇지 않은 사용자를 인터뷰하는 것의 차이는 무척 큽니다. 최대한 적합한 패널을 섭외하여 양질의 인터뷰가 진행될 수 있도록 해야 합니다.

2단계 이슈 리스트 및 질문 작성하기

인터뷰 대상자를 정하고 나면 대상자에게 물어볼 질문의 큰 단위, 즉 이슈 리스트issue list를 정리합니다. 이슈 리스트를 정리할 때도 몇 가지 기준이 있습니다. 질문을 중구난방으로 제시하지 않게끔 사용자, 맥락, 동기, 제품·서비스의 특성, 행동 등을 카테고리로 잡으면 좀 더 쉽게 작성할 수 있습니다.

이슈 리스트의 고려 포인트

앞서 살펴본 패션 라이브 커머스 플랫폼 '볼라'를 예로 이슈 리스트를 작성한다면 사용자가 옷에 대한 정보를 어떻게 접하는지, 어떤 서비스를 자주 이용하는지, 또 결제를 결심하는 데는 어떤 것이 영향을 미치는지 등을 질문할 수 있습니다.

이슈 리스트 예시

- 의류 구매에 대한 니즈
- 패션 쇼핑 서비스 이용 및 소비 행태
- 온라인 쇼핑 경험
- 구매를 결정하는 요인

이슈 리스트를 작성하고 나면 각 여기에서 파생되는 질문을 작성해 봅니다. 예를 들어 '온라인 쇼핑 경험'에 대한 질문을 한다면 다음과 같이 작성할 수 있습니다.

- 온라인에서 옷을 구매할 땐 주로 어떤 서비스를 이용하세요?
- 주로 언제 이용하나요?(출퇴근/쉬는 시간/잠자기 전 등)
- 온라인 구매에 대한 만족도는 어땠나요?

3단계 인터뷰 진행하기

인터뷰는 말을 유창하게 한다고 잘하는 것이 아닙니다. 원하는 인터뷰 결과를 얻기 위해서는 오히려 말을 적게 하는 편이 좋습니다. 대부분 인터뷰 대상자는 진행자와 긍정적으로 소통하려는 경향이 있어 본인이 느끼는 것보다 더 좋게 표현하는 경우가 많습니다. 따라서 최대한 솔직한 경험을 얻어 내려면 준비한 질문만 간단하게 하고 인터뷰 대상자의 말을 귀담아 들어야 합니다. 무심결에 원하는 답을 유도하지 않도록 사전에 인터뷰 구성을 정리해 두고 시작하면 좋습니다.

일반적으로 인터뷰는 인터뷰 도입부, 본 인터뷰, 마무리까지 총 3단계로 구분해서 진행합니다. 각 단계에서 인터뷰어의 역할과 주의 사항을 정리하면 다음과 같습니다.

인터뷰 진행 과정	인터뷰어의 역할 및 주의 사항
인터뷰 도입부	소개 및 감사 인사하기 – 인터뷰어 소개 및 참여에 대한 감사 인사 – 목적과 주제 설명 *인터뷰 대상자에게 영향을 줄 수 있는 지나친 정보를 주지 않도록 주의
	사용 허가받기 – 인터뷰한 내용을 영상, 녹음 파일 또는 텍스트로 기록하는 것에 사전 동의 받기
	아이스 브레이킹 – 편안한 분위기를 만들기 위해 가벼운 질문 몇 가지 던지기 *5분 정도의 시간만 할애할 것

본 인터뷰	흐름이 끊어지지 않는 진행 – 인터뷰 대상자가 단답, 피상적 답변을 하지 않도록 '꼬리의 꼬리를 무는 방식'으로 인터뷰하기 　예) "방금 답변하신 내용에 대해 조금 더 자세히 들어볼 수 있을까요?" 　　　"좀 전에 ○○을 하셨다고 했는데 왜 ○○을 하셨나요?" – 답변 범위가 넓은 질문부터 구체적인 질문으로 좁혀 가기
	양질의 답변 유도하기 – 사용자가 의도적으로 부정적 의견을 피한다거나 피상적인 답변을 하지 않는지 살피기 – 특정 답변을 기대하거나 또는 그렇게 느낄 수 있는 질문 피하기 　예) "제품의 ○○ 기능을 문제라고 느낀 적은 없나요?", "타사 제품과 비교해 어떤 장점이 있다고 생각하세요?" – 인터뷰의 목적과 연관이 없거나 답변하기 어렵거나 범위가 너무 넓은 질문을 피하고 명확하게 답하도록 유도하기 　예) "구글에 대해서 어떻게 생각하세요?" (X) 　　　"가장 최근에 스트리밍 서비스를 이용한 게 언제인가요?" (O)
	비언어적 표현에 주의하기 – 인터뷰 대상자의 성향을 파악하면서 제스처, 표정 등에 집중해 융통성 있게 인터뷰하기
마무리	자연스러운 끝맺음 & 보상하기 – 자연스럽게 끝맺음을 유도하기 – 감사의 말을 전하고 보상이 있다면 제공하기 *끝까지 친절하고 정중한 태도를 유지하기

인터뷰를 마무리할 때는 "더 해주실 말씀은 없나요?" 등의 멘트로 자연스러운 끝맺음을 유도합니다. 끝까지 친절하고 정중한 태도를 유지하는 것 또한 무척 중요합니다.

인터뷰는 타고난 실력으로 하는 것이 아닙니다. 얼마든지 연습해서 능력을 향상시킬 수 있는 기술입니다. 인터뷰를 설계할 때부터 진행하는 모든 과정에서 사용자의 맥락, 행동, 니즈, 불편 사항 등에 초점을 맞춰야 한다는 것을 기억하고 자신감 있게 인터뷰를 진행해 보세요.

◁)) Mission **인터뷰 설계하기**

템플릿 : 인터뷰 설계

심층 인터뷰는 사용자를 직접 대면해서 말을 주고받기 때문에 그만큼 주의해야 할 것들을 미리 준비해 두는 것이 좋습니다. 다음 예시를 참고해 심층 인터뷰를 어떤 순서로 할지, 또 어떤 질문들을 할지 설계해 보세요. 다음 예시 인터뷰의 전체 버전과 템플릿은 제공하는 노션 템플릿(bit. ly/3FKikaN)에서 확인할 수 있습니다.

단계	이슈 리스트	상세 문항	참여자 답변
소개/인사	인사 및 소개	인사 및 소개	
	인터뷰 목적 설명	인터뷰 목적 설명, 인터뷰 절차 소개, 걸리는 시간, 녹음 안내 등	
	아이스 브레이킹	자주 입는 옷 스타일, 참고하는 연예인 등	
본 인터뷰	의류 구매에 대한 니즈	가장 최근에 옷을 구매한 적이 언제인가요?	
	패션 쇼핑 서비스 이용 및 소비 행태	어떤 이유 때문에 옷을 구매했나요?	
		가장 최근에 온라인에서 옷을 산 적이 언제인가요?	
	온라인 쇼핑 경험	온라인에서 옷을 구매할 땐 주로 어떤 서비스를 이용하세요?	
		주로 이용하는 디바이스는 무엇인가요?(모바일/PC/앱/웹)	
		주로 언제 이용하나요?(출퇴근/쉬는 시간/잠자기 전 등)	
		이 서비스는 어떻게 알고 이용하기 시작했나요?(우연히 검색/지인 추천/광고 등)	
		온라인 구매에 대한 만족도는 어땠나요?	
		이용해 본(주로 이용하는) 온라인 서비스는 무엇인가요?	

단계	이슈 리스트	상세 문항	참여자 답변
본 인터뷰	온라인 쇼핑 경험	(여러 개일 경우) 여러 개의 서비스를 말씀해 주셨는데, 이 중에 가장 자주 혹은 많이 이용하는 서비스는 무엇인가요?	
		오프라인에서는 어떻게 옷을 구매하나요?	
마무리	정리 및 감사 인사	{참여자} 님이 원하는 쇼핑 방법에 대해 간략하게 설명해 주시겠습니까? 긴 시간 인터뷰에 응해 주셔서 감사합니다. 후에 궁금한 점이 있으면 다시 연락을 드리고 질문해도 될까요?(기타 사례에 대한 안내 등)	

기타 정성적 리서치 방법론

사용자 관찰이나 심층 인터뷰만큼 자주 사용하진 않지만, 알아 두면 좋은 3가지 정성적 리서치 방법론을 소개합니다.

포커스 그룹 인터뷰

포커스 그룹 인터뷰focus group interview는 소수의 참여자를 모아 제품·서비스를 주제로 참여자 간 자유롭게 대화를 하도록 주최하고, 그 과정에서 유용한 정보를 얻는 방식의 인터뷰입니다. 참여자들은 서로 대화를 나누면서 자신의 생각과 의견을 교환하게 되는데, 이때 일부 참여자의 의견에 편향되지 않도록 진행자가 중재하는 역할을 잘 수행해야 합니다.

맥락 관찰

맥락 관찰contextual inquiry은 사용자에게 특정 환경에서 특정 과업을 하도록 요청한 다음 행동 패턴, 반응 등을 관찰하는 방식의 리서치입니다. 예를 들어, 의사가 사용하는 제품·서비스에 대한 맥락 관찰을 한다면, 실제 의사가 환자를 대할 때 어떤 자료를 보고, 진찰 결과는 어떻게 기록하는지, 경과에 대한 진단은 어떻게 내리는지 등을 참여자가 일하는 환경에서 직접 살펴봅니다.

사용자의 맥락과 행동을 파악함으로써 미처 발견하지 못했던 니즈를 찾을 수도 있고 비교적 거리감 없는 인터뷰가 가능하다는 장점이 있지만, 관찰하는 데 시간, 비용이 많이 든다는 단점도 있습니다. 이 방법은 특히 의사, 변호사, 엔지니어 등 현장의 경험이 중요하거나 전문적이어서 단순 인터뷰만으로 맥락이나 행동을 파악하기 어려울 때 유용합니다.

오즈의 마법사

오즈의 마법사wizard of oz는 참가자가 시스템인 척하는 관찰자와 상호 작용하는 과정에서 어떤 명령을 내리고 어떻게 반응하는지를 관찰하는 방식입니다. 예를 들어 참가자에게 '챗봇과 대화를 통해 구매한 제품을 환불하는 방법을 알아내라.'라는 과제를 준 다음 사용자가 챗봇과 대화를 하게끔 요청해놓고 실제로는 챗봇이 아닌 진행자가 참여자와 대화하고 그 대화와 반응을 기록하고 관찰하는 것입니다.

실제로 참가자(사용자)들은 설정된 실험임을 알고 있음에도 ARS를 하듯이 단순히 선택지만 선택하는 게 아니라 사람과 상호 작용하듯이 감정과 복잡도가 섞인 명령을 하는 경우가 많습니다. 오즈의 마법사를 활용하면 복잡한 제품이나 서비스를 개발하기 전에 사용자들이 어떤 형태로 상호 작용하는지를 관찰하고 이를 바탕으로 개발해 프로젝트의 리스크를 낮출 수 있다는 장점을 가지고 있습니다.

오즈의 마법사는 최근 인공지능을 기반으로 한 상호 작용 기능을 실험하기에 적합한 방법론입니다. 또, VR이나 AR, IOT 등의 기술이 보편화될수록 오즈의 마법사와 같은 인터랙션 기반의 프로토타이핑 테스트 방법론이 더 자주 사용될 것입니다.

3장

인사이트를 분석하는 데이터 모델링

늘 'Why'를 떠올리면서 본질을 더 깊이 파고 들어가
보세요. 분명히 더 좋은 결과를 얻게 될 것입니다. 99

_프로덕트 메이커, 서한교

3-1 흩어진 데이터에서 인사이트 찾기, 어피니티 다이어그램

사용자 리서치에서 수집한 데이터를 정리하고 가공하는 과정을 **데이터 모델링** data modeling이라고 합니다. 이 단계에서는 리서치로 수집한 사용자의 행동, 맥락, 불편한 점, 니즈 등 정성적 데이터를 정리하고 가공해 사용자가 겪는 문제를 해결하는 데 필요한 인사이트를 찾아냅니다.

실무에서는 여러 데이터 모델링 방법론 중 **어피니티 다이어그램**affinity diagram을 많이 사용하는데요. 어피니티 다이어그램이 무엇이고 어떻게 인사이트를 도출하는지 차근차근 살펴보겠습니다.

어피니티 다이어그램

어피니티 다이어그램은 앞서 인터뷰, 관찰 등으로 수집한 정성적, 정량적 데이터를 모아 패턴을 파악하고 그 안에서 인사이트를 도출하는 일종의 데이터 정리 기술입니다. 준비물은 수집해 둔 데이터 그리고 3가지 색상(노란색, 파란색, 분홍색)의 포스트잇과 펜이면 충분합니다. 보통 어피니티 다이어그램은 팀원들과 함께 작성하는 것이 일반적입니다.

1단계 어피니티 노트 작성하기

인터뷰를 통해 수집한 데이터 중 유의미한 데이터를 선별해 노란색 포스트잇에 기록합니다. 이 노란색 포스트잇을 **어피니티 노트**affinity note라고 합니다. 어피니티 노트를 작성할 때는 다른 사람도 이해할 수 있도록 가능한 구체적이고 쉽게 작성해야 합니다.

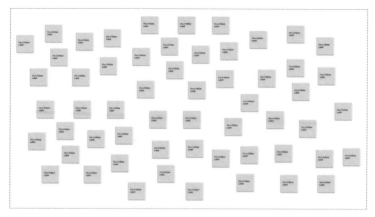

어피니티 노트 작성

2단계 그룹화하기

어피니티 노트를 작성하면 노트 간에 공통적으로 보이는 내용이나 비슷한 점이 보입니다. 이를 묶어 분류하는 **그룹화**grouping를 합니다. 이때 분류하는 데에만 목적을 두는 것이 아니라 분류하면서 새로운 패턴을 발견하거나 아이디어가 떠오르면 함께 포스트잇에 기록합니다. 그룹화를 할 땐 가능한 많은 구성원이 함께 참여해야 양질의 결과를 이끌어 낼 수 있습니다.

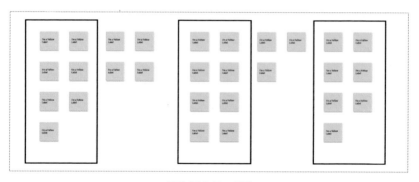

어피니티 노트 그룹화

3단계 어피니티 노트의 상위 헤더 작성하기

어피니티 노트를 어느 정도 그룹화했다면 각 어피니티 그룹을 대표하는 **헤더** header를 작성합니다. 헤더는 어피니티 노트를 요약한다기보다 그룹 내 노트들을 아우를 수 있는 문장으로 표현하는 것이 좋습니다. 헤더는 파란색 포스트 잇에 작성합니다. 파란색 헤더와 노란색 어피니티 노트 그룹의 연관성을 점검하는 과정을 반복하다 보면 그룹화의 완성도를 더욱 높일 수 있습니다.

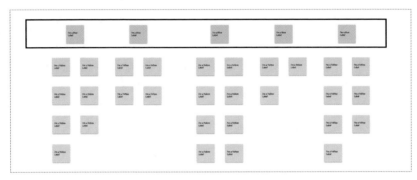

그룹화한 노트의 헤더 작성

4단계 최상위 헤더 작성하기

이제 파란색 포스트잇에 작성한 헤더를 여러 가지 조합으로 연결하여 다양한 가설을 도출한 다음 분홍색 포스트잇에 적습니다. 이렇게 도출한 최상위 헤더는 **키 인사이트** key insight, 즉 솔루션의 전략이나 방향성을 세우는 데 무척 중요한 데이터입니다.

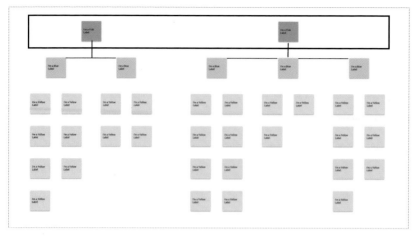

최상위 헤더 작성

어피니티 다이어그램 예시

패션 라이브 커머스 플랫폼 '볼라'를 예로 어피니티 다이어그램을 직접 작성해 보겠습니다. 먼저 사용자 관찰, 심층 인터뷰 등으로 모은 데이터로 어피니티 노트(노란색 포스트잇)를 작성합니다. 하나의 노트에 하나의 데이터를 적습니다. 사용자가 제품을 구매할 때 겪은 불편함이나 판매자와 소통 방식 등 쇼핑몰에서 겪은 경험을 모두 각 포스트잇에 쓴 다음 유사한 것들을 묶어 그룹화합니다. 그러면 사용자의 니즈, 쇼핑몰의 단점, SNS 쇼핑의 장단점 그리고 라이브 영상의 장점 등으로 그룹이 나뉩니다. 그리고 각 그룹의 내용을 아우르는 문장을 헤더(파란색 포스트잇)로 작성합니다.

이제 파란색 헤더들을 연결해 사용자에 대한 인사이트를 도출합니다. 예를 들어, '질 좋고, 잘 어울리는 옷을 사고 싶은 니즈' 헤더와 '영상을 통한 쇼핑의 장점' 헤더를 조합하면 '영상을 통한 판매는 정확하고 신뢰성 있는 정보를 제공할 수 있다.'라는 최상위 헤더를 도출할 수 있습니다. 이렇게 3개의 최상위 헤더로 그룹화하면 다음과 같이 어피니티 다이어그램이 완성됩니다.

쇼핑 플랫폼보다 SNS로 제품을 구매하는 게 신뢰도는 높지만 기능이 제한적이어서 불편한 점이 있다.		소통을 통해서 커뮤니티가 형성되면 신뢰를 기반으로 재방문이 일어난다.	영상(또는 라이브)을 보고 구매한 제품은 신뢰할 수 있다.	
쇼핑 플랫폼에서 저렴하지만 질 낮은 제품을 구매	SNS 셀러를 통한 쇼핑의 불편한 점	셀러를 중심으로 소통하며 커뮤니티 형성	질 좋고, 잘 어울리는 옷을 사고 싶은 니즈	라이브 영상을 통한 쇼핑의 장점
쇼핑몰의 리뷰를 믿고 샀다가 질 낮은 제품을 받은 적이 있어서 리뷰에 대한 신뢰도가 낮다.	DM이나 댓글로 신청하고 사는 것이 오래 걸리고 번거롭다.	제품을 구매하지 않더라도 단순 시청 또는 소통만 하기도 한다.	좋은 옷을 적당한 가격에 사고 싶다.	영상을 보면 실측 사이즈, 핏, 조명에 따른 색상과 질감 등을 더 자세히 확인할 수 있다.
기재된 것과 사이즈, 색상 등이 달라 환불하거나 쓰지 못했던 적이 있다.	SNS에선 셀러가 이벤트 당첨자를 누락한다거나 결제 시스템이 없는 등 불편한 점이 있다.	같이 영상(방송)을 보는 사람들과 얘기를 나누다 보니 친밀감도 느껴지고 공동 구매를 하기도 한다.	다른 옷과 쉽게 매칭할 수 있는 가성비 높은 옷을 사고 싶다.	SNS에 황금 보세(적당한 가격, 질 좋은 옷)를 파는 셀러들이 많다.
저렴한 만큼 제품의 퀄리티가 낮다.	관계를 바탕으로 구매하므로 하자가 있거나 배송이 느려도 참아야 한다.	단골로 보는 셀러가 3~5개 정도 있다.	구매한 옷과 다른 옷을 매칭하기가 어렵다.	셀러가 같이 매치할 다른 옷도 추천해 주는 점이 좋다.

이렇게 도출한 3가지 최상위 헤더는 이후 UX 기획의 방향성에 있어 중요한 단서가 됩니다.

앞서 살펴본 어피니티 다이어그램은 이해를 돕기 위한 예시로, 실제로는 어피니티 노트가 수백 개를 넘기도 합니다. 또, 한 번의 그룹화로 어피니티 다이어그램을 끝내는 것이 아니라 인사이트를 발견하기 위해 다이어그램을 새로운 기준으로 묶고 연결하는 과정을 여러 번 반복하기도 합니다. 이 과정에서 얻은 인사이트는 사용자 집단을 대표하는 퍼소나를 구성하는 데에도 유용합니다. 최근에는 미로(miro.com), 피그잼(figma.com/figjam)과 같은 도구를 이용해 온라인에서 여러 명이 어피니티 다이어그램을 협업하여 작성이 가능합니다.

🔘Tip. 노션 템플릿을 통해 피그마로 구현한 어피니티 다이어그램의 예시를 확인할 수 있습니다. 참고하여 여러분의 어피니티 다이어그램을 작성해 보세요.

3-2 사용자를 대표하는 가상 인물, 퍼소나

퍼소나persona는 어피니티 다이어그램과 같은 데이터 모델링 방법의 하나로, 인터랙션 디자인과 소프트웨어 공학 분야 전문가인 앨런 쿠퍼Alan Cooper가 처음 제안한 방법론입니다. 퍼소나는 우리 제품·서비스의 잠재 사용자를 대표하는 가상의 인물을 만드는 것입니다.

프로젝트를 진행하다 보면 이해관계자 간 의견이 충돌하면서 방향성을 잃는 경우가 발생하곤 합니다. 그러다 보면 처음 해결하고자 했던 문제를 잊거나 사용자의 관점을 놓칠 수 있는데, 이때 퍼소나가 이정표 역할을 합니다. 따라서 퍼소나는 어피니티 다이어그램에서 발견한 인사이트를 중심으로 구성해야 하며 구성원 모두가 공감할 수 있어야 합니다. 즉, 가상 인물이지만 실제 사용자들로부터 얻은 데이터가 바탕이죠.

제품·서비스에 따라 사용자별 성향이 명백히 다르거나 플랫폼 서비스를 운영한다면 둘 이상의 퍼소나를 정의하기도 합니다. 이렇게 퍼소나가 여러 개 있는 경우엔 퍼소나의 우선순위를 정하기도 합니다.

그렇다면 이커머스 서비스를 대상으로 만든 퍼소나의 예시를 살펴보겠습니다.

첫 번째 퍼소나는 혼자 사는 직장인들을 인터뷰하여 유사한 행동 패턴과 성향을 토대로 작성했으며 행동 변수로 모바일, 구매 빈도 등을 추가 조사했습니다.

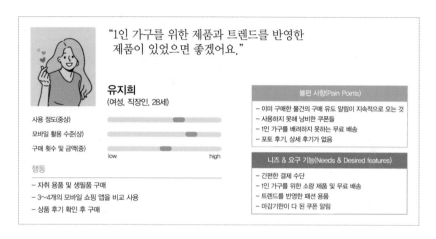

두 번째 퍼소나는 아이가 있는 주부를 인터뷰한 결과를 토대로 작성한 것입니다. 혼자 사는 직장인과 비교해 행동, 니즈, 불편한 점 등 많은 부분이 다른 것을 볼 수 있습니다. 이러한 차이는 사용자 유형에 따른 퍼소나 작성이 왜 중요한지를 보여 줍니다.

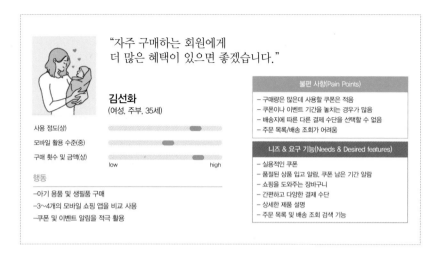

"자주 구매하는 회원에게
더 많은 혜택이 있으면 좋겠습니다."

김선화
(여성, 주부, 35세)

사용 정도(상)
모바일 활용 수준(중)
구매 횟수 및 금액(상)

low   high

행동

–아기 용품 및 생필품 구매
–3~4개의 모바일 쇼핑 앱을 비교 사용
–쿠폰 및 이벤트 알림을 적극 활용

불편 사항(Pain Points)

– 구매량은 많은데 사용할 쿠폰은 적음
– 쿠폰이나 이벤트 기간을 놓치는 경우가 많음
– 배송지에 따른 다른 결제 수단을 선택할 수 없음
– 주문 목록/배송 조회가 어려움

니즈 & 요구 기능(Needs & Desired features)

– 실용적인 쿠폰
– 품절된 상품 입고 알림, 쿠폰 남은 기간 알림
– 쇼핑을 도와주는 장바구니
– 간편하고 다양한 결제 수단
– 상세한 제품 설명
– 주문 목록 및 배송 조회 검색 기능

이렇게 만든 퍼소나는 사용자의 문제를 해결하는 데 이정표 역할을 합니다. 퍼소나도 일종의 정보 구조화 작업이므로 정해진 형식은 없습니다. 퍼소나는 제품 조직 외에도 사용자와 접점이 많은 고객 서비스 팀이나 다른 관점을 공유해 줄 수 있는 운영 팀, 마케팅 팀과 함께 작성하면 도움이 됩니다.

플랫폼을 기획할 때는 'Hard side'라는 개념을 활용하면 퍼소나의 우선순위를 쉽게 정할 수 있습니다. Hard side란 공급자/소비자, 콘텐츠 창작자/구독자, 운전자/승객, 호스트/게스트 등 양측을 연결하는 플랫폼에서 어떤 쪽을 먼저 데려오는 것이 비즈니스의 성공을 이끄는가에 대한 부분입니다. 더 데려오기는 힘들지만 이들을 데려오는 것이 핵심인 것이죠. 예를 들어 우버의 경우 상위 20%의 운전자가 60%의 승객을 태웁니다. 이처럼 비즈니스와 제품·서비스에 더 큰 역할을 차지하는 사용자의 퍼소나를 더 면밀히 분석하여 유입시키는 것이 필요합니다.

◁)) Mission **퍼소나 작성하기**

템플릿 : 퍼소나

앞서 리서치에서 조사한 사용자를 바탕으로 직접 퍼소나를 작성해 보세요. 미리 준비해 둔 퍼소나 템플릿 파일을 이용하면 좀 더 쉽게 작성할 수 있습니다. 템플릿을 보면 인물 소개, 행동/맥락, 불편을 느끼는 지점, 필요한 기능, 목표/니즈 등이 있는데요. '인물 소개(Bio)'에는 가상 사용자의 프로필 사진과 나이, 성별, 국적 등을 적습니다.

인물 소개 오른쪽에는 성향에 대한 정도를 나타낼 수 있습니다. 예를 들어, SNS나 모바일 기기와 같은 디지털 친숙도나 가격에 대한 민감도 등을 표시할 수 있습니다. 그리고 '행동/맥락', '불편을 느끼는 지점', '목표/니즈' 등은 모두 어피니티 다이어그램을 만들면서 파악한 부분을 참고해 작성하고, 마지막 '필요한 기능' 항목에는 퍼소나에 작성한 내용을 바탕으로 필요한 피처를 적습니다 ('필요한 기능'을 도출하기 위한 아이데이션 방법은 다음 장에서 더 자세히 다루겠습니다).

다음은 '볼라'의 사용자를 대표하는 퍼소나를 작성한 예시입니다. 이를 참고하여 자신만의 퍼소나를 작성해 보세요.

[인물 소개]	가격 민감도

[인물 소개]

- 이름: 김나래
- 나이: 24
- 성별: 여
- 직업: 대학생
- 사용 서비스: 지그재그, 에이블리, 브랜디, 스타일쉐어 등

가격 민감도

SNS 활용도

온라인 쇼핑 이용 빈도

낮음　　　　　　　　　　　　　높음

[행동/맥락]
- 라이브 방송 알림이 뜨면 습관적으로 들어가게 된다.
- 스타일도 맞고 신뢰가 가는 셀러를 찾으면 그 셀러가 추천해 주는 옷 위주로 사게 된다.
- 단골로 보는 셀러가 3~5개 정도 된다.

[불편을 느끼는 지점]
- 온라인 쇼핑몰에서 구매한 옷이 색상, 사이즈 모두 달라 비용을 내고 환불한 적이 있다.
- 인스타그램에서 DM이나 댓글로 신청하고 구매하는 건 배송 기간도 오래 걸리고 번거롭다.

[목표/니즈]
- 좋은 옷을 적당한 가격에 속지 않고 사고 싶다.
- 옷을 하나 사면 여러 옷들과 매칭해서 가성비가 높아질 수 있는 옷을 사고 싶다.
- 옷을 매칭하기가 어려운데 누가 좀 알려 주면 좋겠다.
- 간편하게 결제와 배송이 이루어지면 좋겠다.

[필요한 기능]
- 영상으로 제품을 소개해 정확하고 신뢰 있는 정보를 전달
- 구매한 옷 또는 원하는 스타일에 맞는 옷을 추천하는 시스템
- 간편 결제
- 셀러 중심의 커뮤니티

4장

아이데이션을 통한 솔루션 도출과 우선순위

“디자인은 '왜'를 중심으로
사용자가 원하는 것을 집요하게 찾아 나서는 여정입니다. ”

_디자인 스펙트럼 대표, 김지홍

4-1 아이디어를 발산하는 워크샵

프로덕트 팀에서는 개선에 대한 아이디어 발산을 위한 워크샵을 자주 진행합니다. 프로젝트에 참여하는 모든 구성원이 아이디어를 내고 우선순위를 논의하는 과정을 거치죠. 이번에는 효과적으로 아이디어를 발산할 수 있는 대표적워크샵 2가지를 소개하겠습니다.

HMW

HMW$^{\text{how might we}}$는 '어떻게 하면 ~할 수 있을까?'라는 질문을 던져 실행 가능한 해결책을 찾는 일종의 생각 도구로, 생필품 제조사인 'P&G'에서 일하던민 바서더$^{\text{Min Basadur}}$가 차별화된 제품을 기획하던 중 나온 질문법입니다. 당시바서더는 '어떻게 하면 더 좋은 초록색 스트라이프 비누를 만들 수 있을까?'를 고민했는데, 도무지 답이 나오지 않자 질문을 이렇게 바꾸었습니다. '어떻게 하면 고객에게 더 상쾌한 느낌을 주는 비누를 만들 수 있을까?' 질문을 고객 중심으로 바꾸자 바로 해답을 발견하게 되었고 그렇게 성공한 제품과 함께HMW 질문법이 탄생했습니다.

'더 좋은 스트라이프 비누'라는 고민에는 사용자의 욕구가 포함되어 있지 않습니다. '더 좋은'이라는 기준이 모호하기 때문이죠. '더 좋은' 대신 '더 상쾌한 느낌을 주는'으로 질문을 바꾸자 답이 보인 것처럼 HMW의 핵심은 사용자가 원하는 것이 무엇인지 더 구체적으로 질문하는 것입니다.

여기서 주의할 점은 HMW 뒤에 오는 문장이 모호하거나 지나치게 제한되어서는 안 된다는 것입니다. 예를 들어 '어떻게 하면 사람들을 더 행복하게 할 수있을까?'와 같은 범위가 넓고 모호한 질문이나 반대로 '어떻게 하면 버튼을 파랗게 할 수 있을까?'와 같은 너무 제한적이어서 문제 해결에 역할을 하지 못하는 질문을 피해야 합니다. '어떻게 하면 사용자가 계정을 만들 때 개인 정보가 안전하다고 느끼게 할 수 있을까?', '어떻게 하면 사람들이 세금 납부일을 잊지 않도록 할 수 있을까?'처럼 제품이나 서비스와의 연관성은 물론이고 문제 해결에 필요한 질문을 고민해야 합니다.

HMW에 좀 더 쉽게 접근하는 방법은 어피니티 다이어그램에서 작성한 최상위 헤더를 질문 형태로 바꿔 보는 것입니다. 앞서 '볼라'의 데이터를 정리하며 작성한 어피니티 다이어그램의 최상위 헤더를 HMW로 바꿔 보면 다음과 같습니다.

- **최상위 헤더 1** : 쇼핑 플랫폼보다 SNS 셀러가 신뢰도는 높지만 기능이 제한적이어서 불편한 점이 있다.
  - → **HMW** : 어떻게 하면 SNS의 커머스 기능을 판매에 적합하게 개선할 수 있을까?
- **최상위 헤더 2** : 소통을 통해서 커뮤니티가 형성되면 신뢰를 기반으로 재방문이 일어난다.
  - → **HMW** : 커뮤니티를 통해 신뢰 기반의 커뮤니티가 형성되려면 어떻게 소통해야 할까?
- **최상위 헤더 3** : 영상을 보고 구매한 제품은 신뢰할 수 있다.
  - → **HMW** : 영상으로 신뢰도 높은 정보를 전달해 판매가 이루어지려면 어떻게 해야 할까?

이렇게 HMW를 작성하고 나면 투표를 통해 어떤 HMW가 솔루션을 도출하는 데 가장 중요한 질문인지 선정하기도 합니다.

크레이지 8

크레이지 8crazy 8은 8분 안에 8개의 피처를 구상하는 방식으로, 아이디어 발산을 위한 생각 도구입니다. 먼저 종이와 연필을 준비합니다. 종이를 반으로 3번 접었다가 펼치면 8칸으로 나뉘는데, 각 빈칸에 HMW에서 도출한 질문의 해결책을 8분 안에 8개를 스케치합니다.

실무에서는 아이디어를 빠르게 구상하고 즉각적인 피드백을 주고받기 위해 구성원이 모두 모인 자리에서 크레이지 8을 진행하곤 합니다. 8분은 다년간의 실무 경험을 갖춘 기획자들도 부담을 느낄 정도로 짧은 시간이지만, 오히려 시간을 제한하고 아이디어를 쥐어짜듯 발산시키는 게 효율적일 때가 있습니다.

주어진 8분이 지나면 참여자들은 각자 돌아가며 자신의 아이디어를 설명합니다. 그런 다음 스케치들을 벽에 붙여 놓고 어떤 아이디어가 가장 좋은 해결책인지 투표에 부칩니다. 사용자 임팩트가 높은 아이디어에 동그란 스티커를 붙여서 투표를 하는데, 이를 **닷 보팅**dot voting이라 합니다.

크레이지 8 실행 후 스케치에 투표하는 모습

단, 크레이지 8은 여러 사람이 아이디어를 마구 발산시키는 과정인 만큼 자율성이 중요합니다. 따라서 다음 4가지 사항을 지킬 것을 권장합니다.

1. 남의 아이디어를 비판하지 말 것

2. 자유로운 분위기를 조성할 것

3. 아이디어에 아이디어를 계속 더해 발전시킬 것

4. 질보다 양을 중시할 것

이 중에서도 특히 마지막 사항에 특별히 주의해야 합니다. 브레인스토밍은 양으로 승부를 보는 활동입니다. 번뜩이는 아이디어는 아이디어가 더 이상 떠오르지 않을 때까지 쥐어짜 냈을 때 나올 확률이 높습니다. 크레이지 8에서 짧은 시간 동안 8개나 되는 아이디어를 요구하는 것도 이러한 이유 때문입니다.

> 🔊 **Mission** **크레이지 8 실습하기**
>
> 앞서 작성한 퍼소나를 바탕으로 크레이지 8을 이용해 사용자에게 필요한 피처를 구상해 보세요. 타이머로 8분을 설정한 다음 8개의 아이디어를 스케치하면 됩니다. 스케치를 마친 뒤에는 스티커 6개를 준비하고 아이디어 하나당 최대 3개까지 투표할 수 있는 방식으로 자신의 아이디어에 투표해 보세요.

4-2 중요도에 따른 피처 우선순위 세우기

실무를 하다 보면 예산과 인력도 부족한데 기한까지 촉박한 상황이 종종 발생합니다. 이처럼 제한된 자원으로 최상의 결과를 얻으려면 우선순위를 세우고 작업하는 것이 중요합니다. 따라서 우선순위를 정하는 단계에서 사용자의 니즈 외에도 비즈니스의 방향이나 기술적 제한 등을 모두 고려해야 합니다. 이때 사용할 수 있는 방법론 중 하나가 앞서 살펴본 2×2 매트릭스입니다.

우선순위를 정할 때는 자원 대비 사용자 가치를 고려해야 하기 때문에 가로축을 필요한 자원으로 설정하고 세로축은 사용자에게 제공할 가치의 크기로 설정합니다.

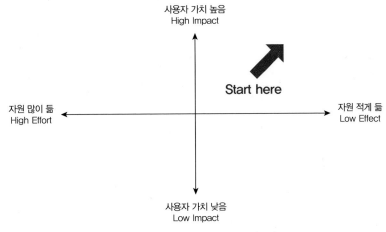

2x2 매트릭스를 이용해 우선순위 세우기

그래프 위에 브레인스토밍에서 나온 피처들을 배치하고 나면 오른쪽 상단 끝에 가까운 피처를 가장 먼저 디자인·개발해야 한다는 의사결정을 내릴 수 있습니다. 이렇게 2×2 매트릭스를 활용하면 우선순위가 시각적으로 드러나기 때문에 내부 인원뿐 아니라 사용자와 고객사, 투자사 등 외부 인원을 설득하는 데도 효과적입니다. '볼라'를 예시로 매트릭스를 만들면 다음과 같습니다.

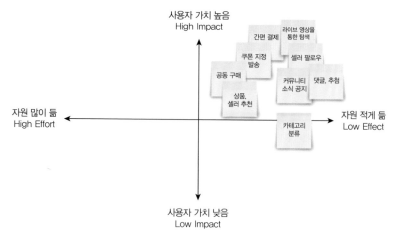

'볼라'의 피처 우선순위 세우기

자원 산정은 개발에 큰 영향을 미치기 때문에 개발자와 함께 산정합니다. 사용자 가치의 높고 낮음은 사용자 리서치 결과와 어피니티 다이어그램에서 얻은 인사이트로 결정할 수 있습니다.

피처의 우선순위를 제대로 세우는 과정은 전체 프로젝트에 중요한 영향을 줍니다. 한정된 시간과 인력으로 사용자에게 가장 가치가 높은 피처를 개발해야 사용자 경험도 개선하고, 제품·서비스가 시장에서 살아남을 확률도 높아지기 때문입니다. 이런 우선순위에 대한 의사결정을 잘하는 것이 프로덕트 매니저의 중요한 역할입니다.

4-3 솔루션의 방향성 정립하기

데이터 모델링을 통해 얻은 인사이트를 바탕으로 프로젝트 또는 솔루션의 방향성을 수립해야 합니다.

As is와 To be

문제 해결 과정은 현재 상태의 As is를 목표한 상태인 To be로 만들어 나가는 과정입니다. As is 단계에서는 사용자 리서치를 통해 사용자의 불편 사항이나 니즈를 파악·분석하고, To be 단계에서는 사용자에게 가치를 제공할 수 있는 피처를 정의해야 합니다.

As is				To be
사용자	맥락	불편 사항/니즈	→	피처 1
사용자	맥락	불편 사항/니즈	→	피처 1
사용자	맥락	불편 사항/니즈	→	피처 1

앞서 살펴본 어피니티 다이어그램, 퍼소나, 우선순위 결정 등 모든 과정은 현재 상태의 As is를 정의·분석하고 어떤 To be가 사용자에게 더 큰 가치를 줄 수 있을지를 고민할 때 필요한 도구들입니다.

As is와 To be를 정의하는 과정은 더블 다이아몬드의 중간 지점에 해당하는데, 문제를 정확히 파악하고 해결 방법을 정의할수록 이후 상세 기획 및 디자인까지 수월하게 진행할 수 있습니다.

그렇다면 실무에서는 As is와 To be를 어떻게 작성하는지 '볼라'를 예시로 살펴보겠습니다. '볼라'의 주요 사용자인 20대 여성들은 온라인에서 옷을 검색할 때 사이즈, 색상, 재질 등을 정확히 알 수 없어 불편함을 느꼈습니다(As is).

이를 해결하기 위해 라이브 방송이나 동영상 기능을 추가하여 사용자가 제품을 더 정확하게 확인할 수 있도록 돕는 것을 고려할 수 있습니다(To be).

또, 20대 여성들은 자신에게 어울리는 옷을 찾기 어려워하는 경향(As is)도 있었습니다. 이를 해결하기 위해서 취향을 기반으로 어울리는 제품을 추천해 주는 피처(To be)를 고려해 볼 수 있습니다. 판매자 또한 주요 사용자이므로 As is와 To be를 고려해야 합니다. 판매자들은 구매자들이 어떤 경로로 유입되는지, 또 어떤 물건을 사고 싶어 하는지를 파악해야 매출을 올릴 수 있기 때문에 (As is) 고객의 유입 경로, 취향, 행동 패턴 등을 볼 수 있는 피처(To be)를 고려해 볼 수 있습니다. 이를 표로 작성하면 다음과 같습니다.

		As is	To be
20대 여성	온라인에서 검색할 때	사진으로는 사이즈나 색상, 재질 등을 정확히 파악하기 어렵다.	라이브 방송으로 제품에 대한 정확한 정보를 확인하고 구매한다.
	옷을 고를 때	내 스타일에 맞고 어울리는 옷을 찾기가 어렵다.	사용자 행동 기반으로 원하는 제품과 판매 영상을 추천한다.
판매자	물건을 팔 때	고객들이 어디서 들어오고 어떤 때 물건을 사는지 알고 싶다.	방송을 시청 중인 사용자의 행동 패턴, 유입 경로, 키워드, 영상에서의 피크 등에 대한 인사이트를 제공한다.

이렇게 As is와 To be를 잘 정의하면 현재 사용자가 가진 문제가 무엇이고 어떻게 해결할 것인지 프로젝트의 전체적인 방향을 한눈에 확인할 수 있습니다.

질문에 답하기

크레이지 8과 2×2 매트릭스에서 도출한 우선순위가 높은 피처들을 바탕으로 As is와 To be를
작성해 보세요.

As is			To be

그런 다음 문장에 빈칸을 채워 프로젝트의 방향성을 구체화해 보세요.

**사용자(퍼소나)들이 [   ]한 상황(맥락)에서 [   ]한 문제(불편 사항/니즈)를 겪고 있기
때문에, [   ]한 기능(피처)들이 필요하다.**

5장

서비스 기획
A to Z

66 안내는 사후 수단입니다.
사용자가 생각하는 대로 행동했을 때 기대하는 걸 제공해 주는
것이 우리의 역할입니다. 사람들은 문이 안 열릴 때 비로소
손잡이 근처에 뭐라고 적혀 있는지 읽는다는 걸
잊지 마세요. 99

_프로덕트 디자이너, 이진재

5-1 피처를 구체화하고 팀을 일치시키는 유저 스토리

유저 스토리

제품·서비스를 개발하는 조직은 PM, 개발자, 디자이너 등 서로 다른 업무를 맡은 다양한 직군의 사람들로 구성됩니다. 따라서 하나의 피처에 대한 생각이 서로 다를 수 있습니다. 가령 다음 그림과 같이 '나무에 매단 그네'라는 사용자의 요구에도 담당자마다 생각하는 해결 방법이 무척 다양할 수 있기 때문에 '그네'의 범위와 생김새, 기능 등을 팀원들이 함께 정의하고 구체화하는 과정이 필요합니다.

하나의 요구 사항을 두고 여러 이해 관계자의 입장 차이를 보여 주는 예시

이런 상황에서 필요한 것은 팀원 간의 **컨센서스**consensus입니다. 컨센서스는 '의견 일치'나 '동감'을 뜻하는 단어인데, 실무에서는 주로 팀원 간의 합의를 뜻합

니다. **유저 스토리**^(user story)는 컨센서스를 이끌어 내는 데 유용한 도구입니다.

유저 스토리란 쉽게 말하면 하나의 피처 단위를 설명하는 짧고 간결한 문장을 뜻합니다. 앞서 As is와 To be로 도출한 피처는 대부분 추상적인 형태를 띠고 있다가 기획과 디자인을 거쳐 구체화되기 시작합니다. 애자일 방법론을 적용한 조직에서는 유저 스토리를 이용해 구현할 피처들의 목록을 작성하고, 각 유저 스토리가 어느 정도의 복잡도와 범위로 구현되어야 하는지에 대해 내부 인원이 논의해서 효과적으로 컨센서스를 이끌어 낼 수 있습니다.

> **🔖 용어 사전 | 애자일**
>
> **애자일**^agile은 워터폴의 단점을 보완하기 위해 등장한 개발 방법론으로 '포괄적 문서보다 작동하는 소프트웨어를, 계약과 협상보다 고객과의 협력을, 계획을 세우는 것보다 변화에 대응하는 것'을 추구합니다. 주로 제품·서비스를 빠르게 개발한 후 시장의 검증이 필요한 스타트업에서 많이 사용합니다.

유저 스토리는 짧은 문장이지만, 다음의 3가지 요소를 포함해야 합니다.

- **AS**: 사용자
- **I WANT**: 사용자의 행동(피처)
- **SO THAT**: 그것을 함으로써 얻는 이득(니즈·목적)

AS는 사용자, I WANT는 사용자가 하려는 행동, 즉 피처를 뜻합니다. 그리고 SO THAT은 사용자가 I WANT에서 한 행동으로 얻으려는 결과입니다. 예시로 '볼라'의 퍼소나였던 김나래를 대상으로 유저 스토리를 작성해 보겠습니다. 먼저 '구글 계정으로 로그인하기'라는 피처의 유저 스토리를 살펴보면 AS(사용자)에 '김나래', I WANT(사용자의 행동, 피처)에는 '구글 계정으로 간편 로그인', SO THAT(니즈·목적)에는 '빠르게 로그인하기 위해서'가 들어갑니다.

- AS: 김나래
- I WANT: 구글 계정으로 간편 로그인
- SO THAT: 빠르게 로그인하기 위해서

이렇게 짧은 문장으로 구성된 유저 스토리로 특정 기능을 서술할 수 있습니다. 예를 하나 더 들어 보죠. 팔로우한 셀러가 라이브 방송을 시작하면 푸시 알림을 보내는 피처를 개발한다고 가정해 보겠습니다. 마찬가지로 AS에는 퍼소나가 들어가고, I WANT에는 '셀러를 팔로우하여 방송 시작 알림 받기'가, SO THAT에는 사용자의 목적인 '셀러의 방송을 놓치지 않기'가 들어갑니다.

- AS: 김나래
- I WANT: 팔로우한 셀러의 라이브 방송 알림 받기
- SO THAT: 팔로우한 셀러의 방송을 놓치지 않기

실무에서는 여러 개의 유저 스토리 중 다음 스프린트에 구현할 피처를 선정하고 유저 스토리의 구체적인 범위와 복잡도를 논의하곤 합니다. 앞서 '01장 사용자 중심 기획'에서 살펴봤듯이 애자일 방식으로 개발하는 조직에서는 앞으로 개발할 피처들을 백로그backlog로 관리하면서 이 중 우선순위가 높은 피처를 선정해 2~4주간의 스프린트 과정을 통해 개발합니다. 이 과정을 그림으로 표현하면 다음과 같습니다.

애자일 제품 개발 프로세스

먼저 조직의 비전과 목표에 따른 프로덕트 로드맵을 잡은 다음 쌓아 둔 백로그(피처 더미)에서 우선순위가 가장 높은 피처를 선택합니다. 그런 다음 2~4주간 개발하는 과정(스프린트)을 거치는데 이때 피처 하나하나가 바로 유저 스토리가 될 수 있습니다. 조직의 개발 문화에 따라 하나의 피처를 여러 개의 유저 스토리로 쪼개는 경우도 있습니다.

스프린트로 들어가는 유저 스토리

유저 스토리를 통해 피처를 개발하는 과정은 크게 'To Do(할 일) → Work in progress(진행 중) → Done(완료)'으로 나뉘고 마지막엔 테스트를 거쳐 배포까지 이릅니다.

쌓여 있는 백로그들은 우선순위에 따라 다음 스프린트에 배치됩니다. 이때 하나 또는 그 이상의 유저 스토리로 조금 더 큰 단위의 피처나 프로젝트를 완성하는데요. 이를 **에픽**epic이라 합니다.

> **Tip.** 스프린트에서 스토리 할당 업무는 주로 PM이나 PO 역할을 맡은 팀원이 담당합니다.

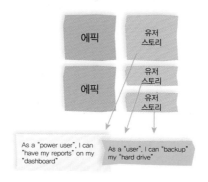

유저 스토리의 집합, 에픽

유저 스토리를 상세하게 작성하는 법, 걸킨

걸킨gherkin은 유저 스토리를 작성할 때 활용할 수 있는 일종의 구문 양식으로, 애자일 문화가 자리잡은 조직에서 종종 사용하는 방법입니다. 앞서 살펴본 유저 스토리의 3가지 구성 요소(AS, I WANT, SO THAT)만으로 피처가 정확하게 구현되었는지 판단하기가 어렵다면 사용자의 행동과 결과까지 기술하는 걸킨 방식의 유저 스토리 작성법이 도움이 됩니다. 작성 양식은 다음과 같습니다.

① 제목(title): {사용자}는 {작업}을 할 수 있다.		우선순위(상, 중, 하)
② 유저 스토리 (background)	• AS(사용자) • I WANT(행동) • SO THAT(니즈·목적)	
③ 구현에 대한 기준 (acceptance criteria)	• Given(주어진 상황) • When(조건 및 행동) • Then(결과) * 한 문장당 하나의 행동을 작성하고 추가 행동은 or나 and로 연결한다.	
④ 비고(notes)	기타(팀원 또는 프로젝트 구성원이 알아야 할 사항)	

먼저 ① 제목은 '~은(는) ~을(를) 할 수 있다.'라는 식의 간결한 문장을 사용합니다. ② 유저 스토리는 원래 방식대로 AS, I WANT, SO THAT으로 작성합니다. 이때 유저 스토리는 피처의 배경 역할을 합니다. ③ 구현에 대한 기준은 유저 스토리가 정확하게 구현됐는지 판단하는 기준이 됩니다. 유저 스토리와 마찬가지로 3가지 요소로 구성되는데, 각 요소는 주어진 **상황**(Given), **조건 및 행동**(When) **결과**(Then)입니다. 구현에 대한 기준을 기술할 때는 한 문장에 하나의 행동을 작성하고, 추가 행동을 작성하고 싶을 땐 or나 and로 연결합니다. 단, or는 분기를 작성할 때만 사용하는 것이 좋습니다. '만약 ~한다면'의 형태로 추가 작성할 수 있습니다. 마지막으로 ④ 비고에는 팀원이 알아 두어야 할 내용을 작성합니다. 예를 들어, 디자인 링크를 첨부하거나 이전에 있던 결정 사항 등을 기록하기도 합니다.

또, 템플릿 오른쪽 상단에는 피처 우선순위를 적어 두기도 하는데 이때 우선순위는 팀원 간 합의를 바탕으로 결정해야 합니다. 이렇게 템플릿에 따라 칸을 채우면 걸킨 방식의 유저 스토리를 완성할 수 있습니다.

조금 복잡하게 느껴지겠지만 예시를 통해 더 배워 볼까요? 앞서 작성한 퍼소나를 이용해 걸킨 템플릿을 작성하면 다음과 같습니다.

① 제목(title): 김나래는 셀러 페이지에서 셀러를 팔로우할 수 있다.	우선순위: 중
② 유저 스토리 (background)	• AS: 김나래 • I WANT: 셀러를 팔로우하면 해당 셀러의 방송 시작 알림을 받을 수 있다. • SO THAT: 셀러의 방송을 놓치지 않기 위해
③ 구현에 대한 기준 (acceptance criteria)	• Given: 셀러 페이지에 김나래가 진입했을 때 • When: 셀러 프로필 오른쪽의 [팔로우] 버튼을 터치하면 • Then: 김나래는 셀러를 팔로우하는 상태가 된다.
④ 비고(notes)	버튼 UI 스타일은 피그마 링크를 확인해 주세요.

먼저 ① 제목에 사용자가 수행하는 태스크를 간결하게 한 문장으로 작성합니다. 그런 다음 ② 유저 스토리에는 '셀러의 라이브 방송 알림을 받기 위해 셀러를 팔로우한다.'라는 배경을 작성합니다. ③ 구현에 대한 기준에는 유저 스토리를 구현했을 때 이를 검증할 기준을 작성합니다. 사용자가 셀러 페이지에 진입했을 때(Given, 주어진 상황), 셀러 프로필 오른쪽에 있는 [팔로우] 버튼을 터치하면(When, 조건 및 행동) 해당 셀러를 팔로우하는 상태가 되고 이후 셀러가 라이브 방송을 시작하면 푸시 알림을 받는 것(Then, 결과)이 구현할 피처의 기준이자 최소한의 조건입니다. ④ 비고에는 팀원에게 공유할 내용을 메모 형태로 남겨 둡니다. 이렇게 걸킨 양식을 이용해 손쉽게 꼼꼼한 유저 스토리를 완성할 수 있습니다.

사용자 여정 지도

제품이나 서비스를 개발하다 보면, 피처 단위의 디테일한 작업에 집중하는 과정에서 전체적인 그림을 놓치는 경우가 생기기도 합니다. 숲을 보지 못하고 나무만 보게 되죠. **사용자 여정 지도**user journey map는 사용자들이 제품이나 서비스를 처음 접하는 시점부터 사용을 끝내는 시점까지의 여정을 시각적으로 보여주기 때문에 전체적인 그림을 놓치지 않고 작업하는 데 무척 도움이 됩니다.

사용자 여정 지도를 작성할 때는 사용자가 제품·서비스를 이용하는 과정을 몇 개의 주요 단계로 나누고, 각 단계별로 만족도, 불편 사항, 니즈 그리고 개선할 기능 등을 정리하는 방식으로 구성합니다. 단, 방식이 정형화되진 않았기 때문에 작성자의 의도나 목적에 따라 다양한 방식으로 시각화할 수 있습니다. 그렇다면 실무에서는 사용자 여정 지도를 어떻게 작성하는지 예시를 살펴보겠습니다. 첫 번째 예시는 '마이뮤직테이스트'의 사용자 여정 지도입니다. 랜딩부터 구매까지 이어지는 사용자 여정 외에도 **유저 플로**user flow나 **정보 구조**IA까지 포함시켜 종합적으로 흐름을 표현하고 있습니다.

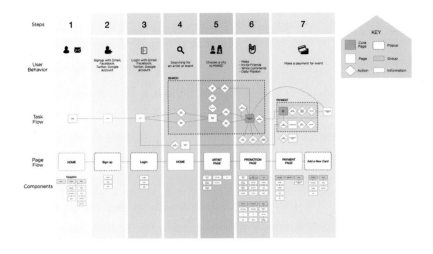

📖 용어 사전 유저 플로 & 정보 구조

유저 플로user flow란, 사용자가 목표를 달성하기 위해 제품이나 서비스 내에서 행하는 일련의 행위를 도식화한 것을 의미합니다.

정보 구조IA는 제품 및 서비스의 정보 구조를 설계하고 정리한 문서로 정보의 위계나 흐름을 나타냅니다.

사용자 여정 지도는 문제를 단편적으로 보지 않고, 전체적인 흐름을 볼 수 있기 때문에 사용자가 겪는 문제점들을 종합적으로 이해할 수 있습니다. 실무에서도 리뉴얼이나 주요 업데이트 작업을 시작하기 전에 전체적인 개선 방향을 확인하고 로드맵을 짜기 위한 용도로 사용자 여정 지도를 사용합니다.

사용자 여정 지도의 첫 번째 행인 '유저 스토리'에 앞서 작성한 유저 스토리들을 시계열로 배치해 보세요. 그리고 그중 핵심 가치를 전달하는 스토리는 초록색으로 표시하여 보세요. 사용자 여정 지도가 완성되면 핵심 가치 스토리를 어떻게 하면 사용자들이 더 빠르게 경험할 수 있을지 개선 방향을 고민해 볼 수 있습니다. 또한, 각 단계별로 사용자 만족도를 표시하여 만족도가 낮은 단계와 높은 지점을 시각적으로 볼 수 있습니다. 이때 낮은 지점에서 사용자가 겪는 불편한 지점과 니즈를 파악하고 어떻게 개선할지 모색할 수 있습니다. 단, 사용자 만족도는 앞서 리서치 단계에서 수집한 데이터를 활용한 분석 결과여야 합니다.

🔊 Mission **사용자는 우리 제품·서비스를 어떻게 이용할까?**

템플릿 : 사용자 여정 지도

지금까지 수집한 리서치, 정의해 둔 퍼소나 등을 기반으로 여러분의 제품·서비스의 사용자 여정 지도를 작성해 보세요.

상단의 각 단계에는 '1. 유입 → 2. 회원가입 → 3. 탐색 → 4. 주요 과제(구매 등)'와 같이 사용자가 제품·서비스를 이용하는 과정을 큰 단위로 구분해 입력하세요. 그런 다음 각 단계별 사용자의 만족도와 니즈, 불편 사항 등을 기입하면 전체 흐름을 한눈에 볼 수 있습니다. 맨 아래의 피처 행에는 각 단계를 거치는 데 필요한 피처를 입력하면 사용자 여정 지도가 완성됩니다.

💡Tip. 퍼소나, 사용자 시나리오, 사용자 만족도 등은 모두 리서치 단계에서 수집한 데이터를 기반으로 해야 합니다. 예측으로 작성해선 안 됩니다.

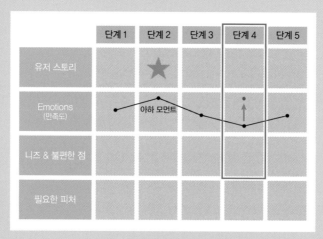

사용자 여정 지도

5-2 논리적 흐름을 그리는 유저 플로 & 와이어프레임

태스크 플로와 유저 플로

태스크 플로task flow와 **유저 플로**user flow는 사용자가 제품·서비스를 이용하면서 수행하는 작업과 화면의 흐름을 나타냅니다. 2가지 모두 흐름을 보여 준다는 역할은 같지만, 목적은 다릅니다.

먼저 태스크 플로는 분기나 오류를 고려하지 않고 큰 그림을 확인하는 것이 목표로, 높은 계층의 단계만 순서대로 나열합니다. 예를 들어 '김치 볶음밥 레시피 검색'하는 과정을 태스크 플로로 표현하면 다음과 같습니다.

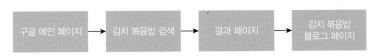

김치 볶음밥 레시피를 구글에서 검색하는 과정, 태스크 플로

이 과정에 필요한 피처나 오류 등을 모두 생략하고 간단하게 사용자가 수행하는 작업 위주로만 나열된 것을 볼 수 있습니다. 반면 유저 플로는 분기, 오류 그리고 피처를 구현할 때 필요한 사항까지 고려해 작성합니다. 예를 들어 사용자가 입력한 이메일이 유효한지 확인하는 과정을 유저 플로로 표현하면 다음과 같습니다.

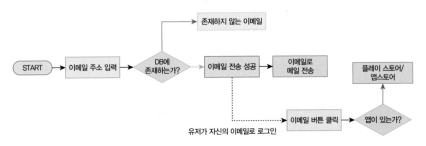

이메일 주소를 확인하는 과정에 대한 유저 플로

이메일 주소 확인하는 과정만 표현하는 데에도 다양한 분기 조건을 고려했음을 알 수 있습니다. 이처럼 유저 플로는 태스크 플로와 달리 모든 분기를 고려하고 과정마다 발생할 수 있는 오류를 예측해야 합니다. 숙달되지 않으면 작성하기 쉽지 않죠. 따라서 초보자라면 태스크 플로 수준의 단순한 플로부터 작성해 보고 이후 여러 가지 분기를 추가해 가며 플로의 복잡도를 늘리는 방향으로 연습하는 것이 좋습니다.

유저 플로 작성하기

유저 플로를 작성할 때는 시작과 끝을 나타내는 둥근 사각형, 동작이나 프로세스를 나타내는 직사각형, 조건(분기)을 표현하는 마름모 3가지 기호를 주로 사용합니다.

시작/끝　　　　동작/프로세스　　　　조건

유저 플로 기본 구성 요소

Tip. 유저 플로는 미로(miro.com)나 피그잼(figma.com/figjam)과 같은 도구를 사용하면 좀 더 쉽게 그릴 수 있습니다.

이 3가지 기호를 이용해 간단한 플로부터 복잡한 플로까지 난이도를 높여 가며 작성해 보면 도움이 됩니다. 예를 들어 '카카오 T'로 택시를 호출하는 과정을 유저 플로로 표현해 보면 다음과 같습니다.

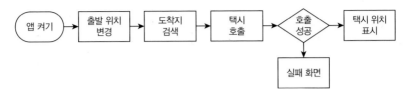

'카카오 T'로 택시를 호출하는 유저 플로

먼저 시작을 뜻하는 둥근 사각형 기호에 '앱 켜기'를 담고 동작/프로세스를 표현하는 직사각형에 '출발 위치 변경 → 도착지 검색 → 택시 호출' 등 일련의 과정을 각각 담습니다. 그러다 분기, 즉 성공이나 실패가 나뉘는 지점은 마름모로 표현합니다. 물론 이 유저 플로는 이해를 돕기 위해 간단하게 작성한 것으로, 실제 구현할 때는 훨씬 많은 분기가 생길 수 있습니다.

유저 플로의 역할은 제품 · 서비스의 흐름을 보면서 우리가 고려해야 할 사용자 경험과 발생하는 다양한 경우의 수를 고려하는 것입니다. 이를 기반으로 이후 살펴볼 와이어프레임의 순서를 잡을 수도 있죠. 각 플로 아래 해당하는 와이어프레임(화면)을 배치하면 사용자가 어떤 흐름으로 제품 · 서비스를 이용하는지, 또 미처 생각하지 못한 플로나 오류가 있진 않은지 등을 구체적으로 기획할 수 있습니다.

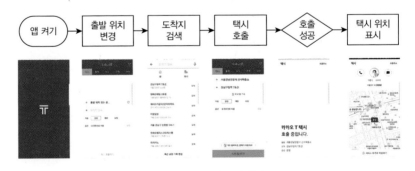

유저 플로 하단에 화면 배치

간단한 유저 플로는 앞서 살펴본 3가지 기호로도 충분하지만, 복잡한 유저 플로를 표현하는 데는 한계가 있습니다. 이때 더 다양한 조건을 표현할 수 있는 방법이 있습니다. 우선 필요한 도형은 3가지로 동일합니다. 여기에 Yes/No를 나타내는 화살표 2개를 더 사용하고 동작/프로세스를 표현하는 직사각형에 색을 사용해 구분하면 더 세부적인 로직을 표현할 수 있습니다. 가령 파란색 사각형은 '사용자가 위치한 페이지', 초록색 사각형은 '서비스에 뜨는 각종 모달 창', 주황색 사각형은 사용자의 클릭이나 입력과 같은 '사용자 행동', 빨간색 사각형은 시스템이 사용자에게 메일을 보내거나 푸시 알림을 보내는 등 프로그래밍으로 처리하는 '시스템 행동'으로 정의할 수 있습니다.

💡Tip. 모달 창은 사용자가 위치한 페이지에 추가 창을 띄워 이목을 집중시키는 또 다른 화면 (레이어)을 가리킵니다.

이처럼 다양한 컴포넌트를 이용하면 보다 다양한 분기를 표현할 수 있어 복잡한 유저 플로도 작성할 수 있습니다.

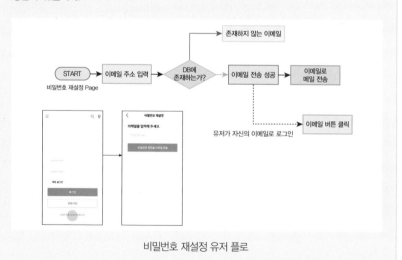

비밀번호 재설정 유저 플로

유저 플로를 활용하면 태스크 단계를 줄여 문제를 해결하는 데 활용할 수 있습니다. 목적지는 같은데 경로가 많다면 비효율적이겠죠? 또, 도중에 사용자가 이탈하거나 오류가 발생할 확률도 높아집니다.

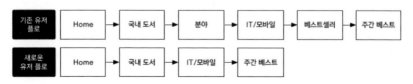

온라인 서점에서 분야별 주간 베스트셀러를 보는 유저 플로

이처럼 불필요한 단계를 줄임으로써 사용자가 목적을 이루는 데 걸리는 시간을 줄이고 접근성을 높일 수 있습니다. 특히 회원가입이나 결제처럼 사용자의 이탈률이 높은 과정에선 단계를 줄이는 것이 사용자 행동 전환에 큰 영향을 끼치기 때문에 플로 개선을 고려하는 것이 좋습니다.

> 🔊 **Mission** **유저 플로 작성하기**
>
> 평소 자주 사용하는 제품·서비스 또는 앞서 작성한 유저 스토리를 이용해 유저 플로를 작성해 보세요. 기존 제품·서비스의 유저 플로를 그린다면 전체를 한 번에 그리는 것보다 피처별로 나눠서 작성해 보는 것이 좋습니다.

와이어프레임

유저 플로를 작성하고 나면 이를 토대로 **와이어프레임**wireframe을 디자인합니다. 와이어프레임은 유저 스토리와 유저 플로를 시각적으로 표현하는 도구로, 마찬가지로 퍼소나를 기준으로 작성합니다. 그래야 방향성을 잃지 않고 사용자에게 필요한 피처를 구체화할 수 있기 때문입니다.

와이어프레임은 대개 구성 요소의 시각적인 충실도가 낮은 로우 피델리티로 나타냅니다. 로우 피델리티지만, 필요한 요소들의 위치와 피처의 흐름은 모두 나타내도록 구조를 잘 잡아야 합니다. 그래야 이후 디자인 작업도 효율적으로 진행할 수 있죠. 최근에는 디자인 팀의 문화에 따라 와이어프레임 단계부터 피델리티가 높은 경우도 상당히 많습니다.

Tip. 실무자의 성향에 따라 유저 플로보다 와이어프레임을 먼저 그리는 경우도 있고, 바로 하이 피델리티 와이어프레임을 작업하는 경우도 있습니다. 꼭 정해진 규칙은 없으니 효율을 높이는 방향으로 순서를 잡는 것이 좋습니다.

로우 피델리티 와이어프레임(왼쪽)으로 완성한 목업 화면(오른쪽)

와이어프레임을 연습하는 가장 좋은 방법은 유저 스토리 아래 해당 유저 플로를 작성하고 또 그 아래에 해당 페이지의 구성 요소를 그려 보는 것입니다. 예시로 회원가입 과정의 **유저 스토리 → 유저 플로 → 와이어프레임(로우 피델리티)**를 배치해 보겠습니다.

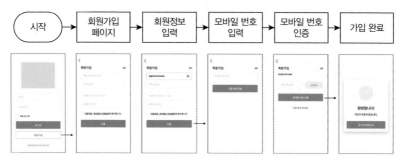

유저 스토리: 사용자는 이메일과 비밀번호를 입력하고 모바일 번호 인증을 통해 회원가입을 할 수 있다.

유저 스토리 → 유저 플로 → 와이어프레임(로우 피델리티)을 순서대로 배치

이렇게 기획 시 3가지 요소를 고려하면 각 유저 스토리의 플로와 화면 배치까지 한눈에 볼 수 있어 놓치는 부분을 최소화할 수 있습니다.

와이어프레임 도구

와이어프레임을 그릴 때는 펜과 종이를 이용해 손으로 그리기도 합니다. 하지만 여러 사람이 보고 쉽게 알아볼 수 있고 또 로우 피델리티부터 하이 피델리티까지 표현할 수 있는 디자인 도구를 사용하기도 하는데요. 와이어프레임 제작 시 사용할 수 있는 유용한 툴 몇 가지를 소개합니다.

발사믹

발사믹(balsamiq.com/wireframes)은 출시된 지 오래된 도구지만 웹 기반이라 접근성이 좋고, 발사믹에서 제공하는 컴포넌트를 마우스로 끌어와 배치만 하면 쉽게 그릴 수 있어 실무에서는 여전히 와이어프레임 제작에 많이 사용하는 도구 중 하나입니다. 발사믹은 펜으로 마치 스케치한 듯한 로우 피델리티를 제작할 수 있는 것이 특징입니다.

발사믹 공식 유튜브 채널

오븐

오븐(ovenapp.io)은 카카오에서 제공하는 서비스로 웹사이트에 가입만 하면 무료로 와이어프레임을 그려볼 수 있고, 웹과 앱 모두를 위해 사용할 수 있는 다양한 컴포넌트를 제공합니다. 사용 방법이 간단하기 때문에 로우 피델리티 와이어프레임을 빠르게 제작해 볼 수 있습니다.

오븐 공식 홈페이지

피그마

피그마(figma.com)는 전 세계에서 가장 많이 쓰이는 디자인 도구입니다. 발 사믹과 마찬가지로 웹 기반 도구라 접근성이 높은 것은 물론이고 동시 협업이 가능해 팀원 간 소통에 특화되어 있죠. 사용성도 높은 편이라 디자인 도구를 다룬 경험이 있다면 쉽게 익힐 수 있고, 간단한 인터랙션을 적용하여 실제 사용자 테스트가 가능한 수준의 프로토타입까지 구현할 수 있습니다.

또, 사용자가 많은 만큼 데이터가 풍부해 피그마 공식 홈페이지의 [community] 메뉴에서 기획하는 제품·서비스의 와이어프레임 키트(kit) 및 디자인 프로젝트를 불러와 조합, 수정하여 와이어프레임을 손쉽게 제작할 수 있습니다.

⬛Tip. 다양한 제품·서비스의 와이어프레임을 참고해 자신만의 프로젝트를 기획할 수 있도록 피그마 템플릿을 제공하니 노션 템플릿(bit.ly/3FKikaN)을 참고하세요.

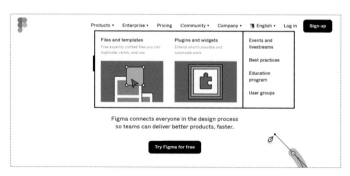

피그마 공식 홈페이지

◁)) Mission　**와이어프레임 제작하기**

템플릿 : 와이어프레임

이전 과제에서 만든 유저 스토리를 기반으로 스토리에 해당하는 유저 플로와 와이어프레임을 그려 보세요. 펜과 종이를 들고 직접 손으로 그려도 좋고 앞에서 소개한 와이어프레임 도구 중 원하는 걸 이용해도 좋습니다. 또는 제공하는 템플릿 파일에 간편하게 써도 좋아요.

단, 로우 피델리티 와이어프레임을 그리더라도 최종 UI에 어떤 기능이 어떻게 배치될지 짜임새 있게 구성해 보세요. 또, 와이어프레임을 모두 그린 다음엔 그 아래에 해당 기능에 대한 설명을 간단히 적어 보세요.

5-3 개발자에게 사랑받는 서비스 기획서 작성하기

소통을 위한 도구, 기획서

팀 문화에 따라 와이어프레임 단계를 건너뛰고 곧장 UI 디자인 단계로 넘어가기도 합니다. 이는 애자일 방법론이 널리 퍼지면서 기존 워터폴 방법론에서 주로 사용하던 파워포인트 형식의 기획서가 간소화되고, UI 디자인 도구와 시스템이 발전하면서 UI 디자인 작업 과정 또한 매우 빨라졌기 때문입니다. 덕분에 유저 스토리를 기반으로 피처의 범위를 논의하고 피그마와 같은 디자인 도구에서 바로 협업하는 경우가 점차 많아지고 있습니다.

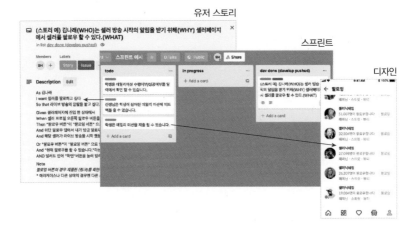

유저 스토리

스프린트

디자인

간소화된 디자인 단계

하지만 제품·서비스를 구현하는 개발자 입장에서는 디자인만으로 상세 기능이나 의도를 파악하기 어려울 수 있습니다. 따라서 효율적인 의사소통 도구로 기획서를 작성하는 것도 디자인을 잘 설명하는 데 도움이 됩니다. 여기서 기획서란 화면의 구성 요소나 콘텐츠에 대한 설명, 화면 간 이동 흐름, 기능, 사용법 등을 기술한 문서를 뜻하며 **화면 설계서, 스펙 문서, 스토리보드** 등의 이름으로 부릅니다. 즉, 기획서라는 일관된 양식이 있는 것이 아니라 조직의 문화나 개발하는 제품·서비스에 적합한 형태의 기획서를 선택하면 됩니다. 제품·서비스에 따라 유형, 작성 방식 등도 다양합니다.

작성 툴 역시 무척 다양합니다. 파워포인트와 같은 오피스 툴부터 최근에는 피그마와 같은 디자인 툴은 물론이고 심지어 협업 툴인 노션을 활용하기도 합니다. 즉, 기획서는 말 그대로 소통을 위한 문서일 뿐 어떤 툴을 사용하느냐는 중요하지 않습니다. 기획 의도와 디자인을 개발자에게 잘 설명하는 것이 가장 큰 목표라는 점을 잊어서는 안 됩니다.

툴이나 방식은 다양할 수 있지만 기획서 역할을 하기 위해 반드시 포함해야

할 요소들은 존재합니다. 이번엔 바로 이 기획서로 개발자와 소통하기 위해선
어떤 요소들이 필요한지 예시를 통해 살펴보겠습니다.

기획서의 필수 요소들

다음 예시는 영어 작문 첨삭 서비스입니다. 학생이 주어진 질문에 대한 영작
을 하면 선생님이 첨삭을 제공하는 플랫폼입니다. 이런 경우 학생과 선생님
모두 중요한 사용자이므로 기획 단계에서 학생과 선생님에 대한 퍼소나를 모
두 정의해야 합니다. 이처럼 퍼소나는 기획부터 개발까지 모든 단계의 기반이
되므로 반드시 리서치 단계에서 수집한 데이터를 기반해 꼼꼼하게 작성하는
것이 중요합니다. 이 서비스의 주요 화면을 살펴보면 다음과 같습니다. 학생
이 매일 주어지는 미션에 대한 답변을 영작해서 제출하면 첨삭된 문장과 선생
님의 피드백을 받을 수 있습니다.

내 클래스   영어 작문 제출   첨삭 완료

영어 작문 첨삭 서비스

학생이 주어진 질문에 작문하고 피드백을 받는 일련의 플로를 기획서로 작성하면 다음과 같습니다. 먼저 상단에는 해당 플로나 페이지의 이름을 적고 그 아래에 와이어프레임과 기능에 대한 세세한 설명을 작성합니다. 각 요소의 흐름에 따라 화살표로 연결하기도 하고 요소별 세부 사항이 필요할 때는 하단의 여백을 활용합니다. 이때 문서에 포함되는 와이어프레임은 로우 피델리티인 경우가 많습니다.

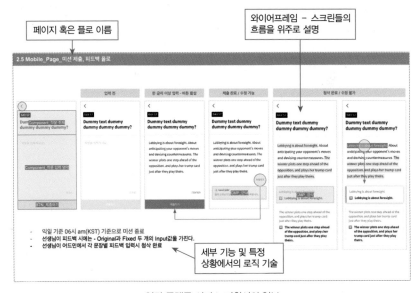

영작 플랫폼 서비스 기획서의 일부

다음 예시는 같은 서비스에서 사용자가 회원가입 시 휴대폰 인증을 하는 플로를 나타낸 부분입니다. 와이어프레임의 오른쪽에는 각 요소 및 발생 가능한 상황에 대한 상세 설명을 작성해 개발자가 디자인 의도를 파악할 수 있도록 합니다.

Tip. 전체적인 문서의 구조는 제공하는 노션 템플릿의 '와이어프레임과 서비스 기획서'에서 확인할 수 있습니다.

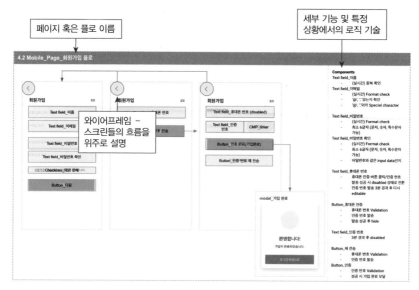

회원가입 과정에 대한 기획서

에러 케이스

기획서를 작성하는 경험이 쌓이다 보면 자연스럽게 에러 케이스에 대한 훈련이 이루어집니다. **에러 케이스**error case란 특정 플로나 피처에서 발생할 수 있는 오류와 이에 대한 대응을 정리한 문서입니다. 여기서 말하는 오류는 개발 문제로 발생한 오류 외에 사용자가 설계한 의도와 다르게 행동하는 것, 기획자가 미처 고려하지 못한 사용자의 접근 등 무척 다양하게 발생할 수 있습니다. 가령 로그인 화면에서 잘못된 이메일 주소 또는 비밀번호를 입력했을 때 "이메일 또는 비밀번호가 올바르지 않습니다."라는 에러 메시지를 보여 주는 거죠. 에러 케이스의 작성 예시는 다음과 같습니다.

에러 케이스 작성 예

이처럼 한쪽에는 피처의 흐름을 볼 수 있는 와이어프레임 또는 화면 이미지를 두고, 다른 한쪽엔 이 흐름에서 발생할 수 있는 에러 케이스를 모두 작성해 둡니다. 이 에러 케이스는 기획서에 함께 작성해도 좋지만, 개별 문서로 목록화해 두어도 좋습니다. 단순히 에러 케이스만 기술하는 것이 아니라 에러가 발생했을 때 사용자에게 띄울 문구도 함께 정리해야 하므로 에러 케이스와 에러 문구를 함께 정리해 두는 것이 좋습니다.

에러 케이스와 기획서를 함께 작성해 두면 사용자가 오류를 일으킬 때 또는 기술적으로 오류가 날 때 사용자의 다음 행동을 제대로 된 방향으로 유도할 수 있습니다. 또, 기획자나 디자이너가 에러 케이스를 미리 목록화해 두면 상세한 내용까지 점검해 가며 개발할 수 있어 개발자들의 작업 속도도 향상됩니다. 하지만 아무리 많은 에러 케이스를 고려해도 협업 과정에서 보완점이 발견되곤 하기 때문에 개발 단계로 넘어간 이후에도 개발자와의 논의가 이어져야 합니다.

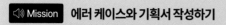

◁》 Mission 에러 케이스와 기획서 작성하기

템플릿 : 에러 케이스 & 예시 기획서

에러 케이스를 찾는 연습과 실제 기획서를 구성해 보는 연습을 함께 해보겠습니다. 다음 회원가입 페이지의 에러 케이스를 채워 보세요.

		Error Cases	Wording
☰			
회원가입			
이메일 *			
이메일 주소			
비밀번호 *			
비밀번호			
비밀번호 (확인) *			
비밀번호 (확인)			
☑ 개인정보 처리방침 동의 (전문보기)			
회원가입			
이미 회원이신가요? 로그인 하세요.			

그리고 여러분이 작성한 와이어프레임을 기반으로 화면별 흐름과 각 요소에 대한 로직을 정리해 보세요. 템플릿 페이지에서 제공하는 '모임 플랫폼'과 '영어 독립' 기획서를 참고해 여러분만의 기획서를 작성해 보세요.

5-4 운영까지 고려한 백 오피스 기획하기

백 오피스back office는 제품·서비스를 운영·관리하는 것을 목적으로 개발하는 소프트웨어를 뜻합니다. 관리자 페이지라고도 하죠. 콘텐츠, 상품, 사용자 등 운영·관리와 관련된 모든 기능이 백 오피스에 포함됩니다.

백 오피스는 사용자가 직접 마주하는 화면이 아니기 때문에 초기에는 적은 자원만 들여서 제작하기도 합니다. 그래서 디자인이 투박하거나 기능이 섬세하지 못하기도 하죠. 그러나 사용자 수가 증가하고 지표가 성장하면 백 오피스를 고려한 서비스와 그렇지 못한 서비스의 차이는 운영적인 측면에서 크게 벌어지기 시작합니다. 특히 사용자에게 발생할 수 있는 문제나 불편 사항에 적절하게 대처하기가 어려워지죠. 비록 사용자 눈엔 보이지 않지만, 운영 측면에서 백 오피스는 무척 중요한 역할을 합니다.

백 오피스를 기획하는 것도 PM의 몫이죠. 이번엔 백 오피스를 기획할 땐 어떤 요소를 고려해야 하는지 크라우드 펀딩 플랫폼과 영어 작문 첨삭 서비스의 백 오피스 사례를 통해 살펴보겠습니다.

크라우드 펀딩 플랫폼의 백 오피스

크라우드 펀딩crowd funding이란 생산자 · 판매자가 제품 개발 등의 목적으로 개인 구매자로부터 자금을 모으는 방식을 뜻합니다. 가령 제품 개발에 천만 원이 필요하다면 개발할 제품을 홍보해 사전 구매자를 모집합니다. 그렇게 기반 비용을 먼저 마련한 다음 제품 개발을 시작하는 방식입니다.

즉, 제품 개발에 필요한 만큼의 사전 판매가 이루어져야 펀딩에 성공하고 제품 개발을 시작할 수 있죠. 이러한 특성 덕분에 크라우드 펀딩 플랫폼에선 시장에 나오지 않은 실험적이고 재미있는 아이디어 상품을 쉽게 접할 수 있습니다. 대표적 크라우드 펀딩 플랫폼으로는 '킥스타터', '와디즈', '텀블벅' 등이 있습니다.

크라우드 펀딩은 펀딩 프로젝트에 참여할 구매자의 페이지도 중요하지만, 판매자가 프로젝트를 관리할 백 오피스도 무척 중요합니다.

구매자가 보는 화면(왼쪽)과 판매자가 보는 백 오피스 화면(오른쪽)

이처럼 구매자 화면은 판매자나 내부 운영자가 백 오피스에서 프로젝트를 생
성하고 관리한 덕분에 구성됩니다. 구성 요소와 피처는 플랫폼마다 조금씩 다
르지만 대체로 판매자는 프로젝트 제목, 가격, 홍보 영상, 상세 페이지, 잔여
수량 등을 관리합니다. 판매 현황을 볼 수 있는 대시보드도 필요하죠. 즉, 백
오피스는 운영을 위해 설계, 개발하는 것이므로 화려한 디자인보다는 정보 구
조나 가독성을 우선으로 고려하고 개발해야 합니다.

백 오피스 설계에 익숙하지 않다면 대부분 데이터가 준비되어 있다는 가정하
에 사용자 화면을 먼저 디자인하는데요. 이 경우 다양한 상황에 대응하기가
어렵습니다. 따라서 초기엔 항상 데이터가 없는 시작점부터 설계를 고려하는
것이 좋습니다. 실제 제품·서비스가 운영되려면 어떻게 데이터가 생성되고

이 데이터가 사용자에게 어떻게 보이는지 그리고 인터랙션하는지 전체를 고려할 수 있어야 합니다.

영어 작문 첨삭 서비스의 백 오피스

다음은 앞서 살펴본 영어 작문 첨삭 플랫폼의 예시입니다. 영어 작문 첨삭 플랫폼은 학생이 클래스를 듣고 과제로 영작문을 제출하면 선생님이 피드백을 주는 방식입니다. 즉, 백 오피스를 이용할 사용자는 선생님이 됩니다. 이때 선생님은 학생들이 제출한 영작문에 피드백을 주는 것뿐만 아니라 클래스를 생성하고 관리하고 참여 학생들에 대한 데이터도 볼 수 있어야 합니다.

학생이 보는 화면(왼쪽)과 선생님이 보는 백 오피스 화면(오른쪽)

작문 피드백 페이지

이처럼 학생들이 보는 클래스, 영작문 과제들은 모두 선생님이 운영·관리하는 백 오피스에 입력한 데이터입니다.

백 오피스는 제품 개발과 운영을 하는 스타트업에서는 특히 필수입니다. 실무에서 백 오피스를 설계할 때는 내부 관리자나 플랫폼 내 생산자를 기준으로 데이터가 전무한 시점부터 데이터가 생성되고 사용자와 인터랙션하는 전체 고객 여정 지도를 작성해 보면 어떤 피처들이 필요한지 꼼꼼히 챙길 수 있습니다. 또, 제품·서비스 특성에 따라 백 오피스 사용자의 편의를 위해 검색, 필터 등 추가 기능이 필요한 경우, 개발자와 사전에 협의를 해야 할 수 있으니 초기엔 지나치게 복잡하게 설계하는 것보다 대략적 구조를 잡고 개발자와 피드백을 주고받으면서 작업하는 것이 효율적입니다.

Tip. 영어 첨삭 서비스의 더 자세한 백 오피스와 기획이 실제 UI로 어떻게 바뀌었는지 궁금하다면 노션 템플릿에서 제공하는 '백 오피스 기획' 페이지를 참고하세요.

5-5 사용자가 길을 잃지 않는 '정보 구조' 구성하기

정보 구조information architecture, IA는 정보의 성격이나 순서, 우선순위 등에 따라 구조화하는 것을 의미합니다. 잘 설계한 정보 구조는 사용자의 접근성을 높이고 사용자 스스로 길을 찾을 수 있도록 돕습니다. 많은 사용자가 이용하는 서비스를 관찰하면 빠른 검색을 돕는 카테고리, 직관적인 콘텐츠 배치 등 정보 구조가 간결하고 명확한 것을 볼 수 있습니다.

> 💡**Tip.** 앞서 학습했던 유저 플로, 퍼소나, 와이어프레임 또한 일종의 정보 구조에 해당합니다.

넷플릭스의 콘텐츠(왼쪽) 쿠팡의 제품 카테고리(오른쪽) 정보 구조

반면 잘못 설계된 정보 구조는 사용자가 오류를 경험하게 하고 작업 수행에 드는 시간이 늘어나 이탈률을 높이기도 합니다. 예를 들어 주문한 상품을 환불하기 위해 보통 직관적으로 [마이페이지] 또는 [나의 정보]에서 주문한 기록을 찾기 마련입니다. 이때 이곳에서 주문한 상품 목록을 찾지 못하면 사용자는 곧장 혼란에 빠지게 되죠.

사용자가 유입되고 전환되는 과정은 결코 쉽지 않은 반면 이탈은 아주 쉽고 빠르게 이루어집니다. 이를 방지하기 위해서는 사용자가 진입하는 순간부터 명확한 정보 구조를 제공해 원하는 것을 빠르게 찾을 수 있도록 도와 주어야 합니다. 물론 생각처럼 쉽지 않은 일입니다. 심지어 정보 구조를 개선하는 작업이 하나의 UX 프로젝트가 되는 경우도 있습니다.

웹/앱의 정보 구조

간결하고 명확한 정보 구조는 사용자가 생각하는 우선순위를 그대로 구현하는 것입니다. 즉, 사용자의 **멘탈 모델**mental model을 고려해야 하죠. 가령 '비밀번호 변경은 [내 정보]에 있을 것이다.', '제품 정보는 [제품 상세페이지]에 있을 것이다.'라는 직관적 흐름을 그대로 따라갈 수 있도록 구성된 것이 잘된 정보 구조입니다.

> **🔖용어 사전** **멘탈 모델**
>
> **멘탈 모델**mental model이란, 심성 모형이라고도 하며, 도널드 노먼은 '사람들이 자기 자신, 다른 사람, 환경, 자신이 상호 작용하는 사물들에 대해 갖는 인지적 모형'이라고 정의합니다.

정보 구조를 구성하는 것은 간단해 보이지만 제품·서비스의 전체 흐름과 구조, 각 유저 플로를 머리에 그릴 수 있어야 합니다. 또, 사용자 멘탈 모델에서 크게 벗어나지 않도록 흔히 볼 수 있는 정보 구조도 파악하고 있어야 하죠. 따라서 자주 방문하는 웹/앱은 어떻게 정보 구조를 구성했는지 평소에 유심히 보고 분석해 보는 것도 좋은 훈련이 됩니다. 또 웹과 앱의 정보 구조는 어떻게 다른지 봐두는 것도 좋은데요. 어떤 점이 다른지 간단하게 살펴보겠습니다.

웹의 정보 구조

웹의 정보 구조는 사용자 특성과 서비스 목적에 따라 무척 다양하지만 가장 흔하게 접할 수 있는 웹사이트의 구조는 홈 화면에서 출발해 하위 계층에 메뉴, 메뉴 안에 콘텐츠 등이 있습니다. 가령 홈 화면이 있고 회사 소개, 연락처, 블로그 등의 메뉴를 배치한 다음 그 하위 콘텐츠 페이지나 상세 페이지 등이 있는 식이죠. 이러한 정보 구조를 시각화한 것이 사이트 맵입니다.

웹사이트의 정보 구조(사이트 맵)

앱의 정보 구조

앱의 정보 구조 예시로 모바일 앱 '인스타그램'을 살펴보겠습니다. 앱의 경우 하단 탭을 활용하는 내비게이션 구조로 되어 있는 경우가 많습니다. 그래서 일반적인 웹사이트와는 달리 정보 구조의 최상단에 하단 탭의 메뉴들이 위치하고 각 탭의 하위 계층에는 해당 탭 내부의 메뉴나 피처들이 배치됩니다.

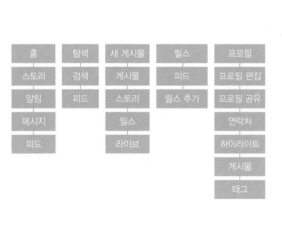

앱 서비스의 정보 구조 (출처: 인스타그램)

앱 화면은 정보의 접근성을 높이기 위해 하단 탭을 활용하는 것이 일반적입니다. 하지만 최근에는 웹과 앱의 경계가 점점 사라지고 있습니다. 예를 들어 펫 스타트업인 '펫프렌즈'의 경우 데스크톱 버전의 웹사이트에 들어가도 앱과 동일한 형태의 UI를 확인할 수 있습니다. 이를 통해서 회사의 비즈니스 모델과 자원에 따라 선택하는 기술과 정보 구조도 다양해짐을 알 수 있습니다.

정보 구조는 정보를 그룹화하고 시각화하는 작업으로, 정해진 방법도 툴도 따로 없습니다. 따라서 작업자의 성향 또는 제품·서비스의 특성에 따라 가장 효율적인 방법을 찾는 것이 좋습니다. 예를 들어 정보 구조의 단계를 한눈에 파악하기 쉬운 구글 스프레드시트를 활용하는 것도 좋은 방법입니다.

id	1Depth	2Depth	3Depth	Alert	다이얼로그	새 탭 이동	type	노출 권한	접근 권한	비고
P001	랜딩 페이지 (Main)						Landing, Main, Search	비회원, 수강생, 강사	비회원, 수강생, 강사	감사 모드에서 레이아웃 변경
P002	필러스에 대해	필러스에 대해					View, Link	비회원, 수강생, 강사	비회원, 수강생, 강사	
P003		수강생					View	비회원, 수강생, 강사	비회원, 수강생, 강사	
P004		강사					View	비회원, 수강생, 강사	비회원, 수강생, 강사	
P005	수업 검색	수업 상세보기	○	○			List	비회원, 수강생	비회원, 수강생	카드 뷰 형태로 리스트 수업 예약 및 결제
P006		수업 공간	수업공간 상세보기				List	비회원, 수강생, 강사	비회원, 수강생, 강사	
P007		강사 등록하기		○			View, File Upload	비회원, 수강생	수강생	
P008		문의하기		○		○	Write, Link	비회원, 수강생, 강사	비회원, 수강생, 강사	
P009		회원가입			○		Write, Session	비회원	비회원	KCP 본인인증 모듈
P010		로그인					Session	비회원	비회원	
P011	서비스이용약관	필러스 이용약관					Footer, View	비회원, 수강생, 강사	비회원, 수강생, 강사	
P012	개인정보 처리방침	개인정보 처리방침					Footer, View	비회원, 수강생, 강사	비회원, 수강생, 강사	
P013		환불정책					View	비회원, 수강생, 강사	비회원, 수강생, 강사	
P014		지적재산 관련 정책					View	비회원, 수강생, 강사	비회원, 수강생, 강사	
P015		쿠키정책					View	비회원, 수강생, 강사	비회원, 수강생, 강사	
P016	강사 숙지사항	강사 숙지사항					Footer, View	비회원, 수강생, 강사	비회원, 수강생, 강사	
P017	SNS 링크					○	Footer, Link	비회원, 수강생, 강사	비회원, 수강생, 강사	네이버 블로그, 인스타그램, 페이스북 링크 제공
P018	관심 수업	수업 상세보기					List	수강생	수강생	
P019	메세지						List	수강생, 강사	수강생, 강사	
P020	일정			○			View, Write	수강생, 강사	수강생, 강사	
P021	프로필	모드 전환		○			View, Link, Authority	수강생, 강사	수강생, 강사	
P022		프로필 수정					Update	수강생, 강사	수강생, 강사	
P023		결제 내역					List	수강생	수강생	
P024		로그아웃					Session	수강생, 강사	수강생, 강사	
p025	수업 등록/수정						Write, Update, File Upload	강사	강사	

스프레드시트를 사용한 필라테스 예약 플랫폼 '필러스'의 정보 구조

스프레드시트로 정보 구조를 표현할 때는 시트의 열을 이용해 간단하게 계층을 나타낼 수 있어 실무에서 자주 사용하는 도구이기도 합니다. 이처럼 정보 구조가 익숙하지 않은 초기에는 복잡하지 않은 웹사이트나 모바일 앱의 정보 구조를 참고하며 연습한 다음 손에 익기 시작하면 점점 복잡한 정보 구조를 그려 보기를 추천합니다.

Tip. 노션 템플릿에서 제공하는 '스프레드시트형 정보 구조' 템플릿을 참고하세요.

대표적인 3가지 내비게이션 유형

정보 구조 중 웹/앱에서 사용하는 대표적인 3가지 내비게이션 유형을 함께 살펴보겠습니다.

계층적 내비게이션

계층적 내비게이션hierarchical navigation은 홈 메뉴에서 시작해 한 계층씩 아래로 내려가면서 메뉴(정보)를 표현합니다. 따라서 서로 연결되어 있지 않은 페이지로 이동하려면 처음 시작한 화면으로 돌아가야 합니다. 이런 형태의 내비게이션은 주로 이메일 서비스, 기업 페이지 그리고 폴더 구조에서도 볼 수 있습니다.

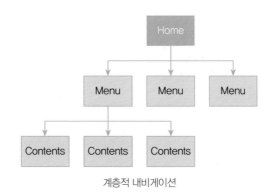

계층적 내비게이션

플랫 내비게이션

플랫 내비게이션flat navigation은 최상위 메뉴가 2개 이상이고 서로 이동할 수 있는 구조입니다. 모바일 앱에서 흔히 볼 수 있는 구조로, 안드로이드에서는 **보텀 내비게이션**bottom navigation, iOS에서는 **탭 바**tab bar라고 합니다. 앱에서는 보통 하단 탭이 정보 구조의 최상위 레벨로, 하나의 최상위 메뉴에서 아무리 깊게 들어가도 다른 최상위 메뉴로 옮겨 가면 완전히 새로운 페이지로 이동할 수 있죠. 인스타그램과 같이 보텀 내비게이션이나 탭 바가 존재하는 대부분 앱 서비스에서 플랫 내비게이션을 볼 수 있습니다.

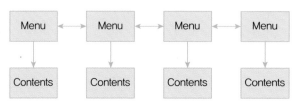

플랫 내비게이션의 구조

콘텐츠 드리븐 내비게이션

콘텐츠 드리븐 내비게이션content-driven navigation은 콘텐츠에서 콘텐츠로 이동할 수 있어 다른 내비게이션보다 메뉴와 메뉴 사이 이동이 유연합니다. 이 구조에서는 콘텐츠 자체가 내비게이션을 결정하죠. 주로 게임이나 전자책에서 자주 볼 수 있습니다.

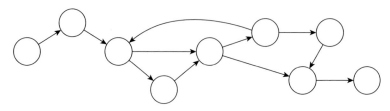

콘텐츠 드리븐 내비게이션 구조 도식

메뉴를 어떻게 묶고 배치해야 하나요?

정보 구조의 메뉴를 구성하는 데도 사용자 리서치는 무척 유용합니다. 이때 가장 널리 사용하는 방법이 카드 소팅card sorting이라는 정성적 사용자 리서치입니다. 카드 소팅은 앞서 어피니티 다이어그램처럼 상위 정보와 하위 정보가 적힌 카드를 나열한 다음 우선순위에 맞게 그룹화하는 방식입니다. 어피니티 다이어그램과 차이가 있다면 피처가 아니라 사용자가 직접 우선순위를 정리한다는 것입니다. 메뉴가 많은 커머스 서비스나 복잡한 금융 서비스 등에서 우선순위를 정할 때 무척 유용합니다.

카드 소팅 방법은 간단합니다. 상위 정보와 하위 정보가 적힌 카드들을 나열하고 리서치 참가자는 자신이 생각하는 기준으로 카드들의 우선순위를 세우고 이에 맞게 그룹화합니다. 여러 참가자와 카드 소팅을 진행한 다음 공통적으로 나타나는 패턴을 기준으로 우선순위를 재조정합니다.

카드 소팅은 콘텐츠의 우선순위를 정할 때도 사용하지만 홈 화면의 피드 구성이나 상세 페이지의 정보 우선순위를 정할 때도 유용합니다.

카드 소팅 리서치(왼쪽) 우선순위에 따라 나열된 메뉴(오른쪽)

5-6 피처의 완성도를 높이는 QA와 테스트 케이스

품질을 높이는 QA

지금까지 사용자 시나리오부터 정보 구조까지 제품·서비스에서 피처를 구현하는 과정을 순서대로 살펴보았습니다. 그렇다면 디자인과 개발 작업을 모두 끝내면 마지막으로 무엇을 해야 할까요? 바로 개발한 피처가 잘 동작하는지, 오류는 없는지, 예외 상황에 대한 대응책이 마련되어 있는지 등을 확인하는 품질 보증 과정, 즉 **QA**quality assurance가 필요합니다.

QA란, 말 그대로 품질을 보증하기 위해 테스트 및 관리하는 단계로, 프로젝트의 목표를 달성했는지 점검하는 것은 물론 사용자에게 최고의 품질과 가치를 제공하기 위한 활동입니다. QA에는 품질 향상, 유지, 개선 등 여러 업무가 포함되지만 크게 기능 테스트와 품질 관리로 정리할 수 있습니다(소규모 기업에서는 PM이 QA를 진행하는 경우도 있습니다).

QA에 포함되는 과정들

QA 담당자는 기획부터 개발까지 모든 과정에 참여하면서 QA 과정을 최적화합니다. 또, 회원가입이나 결제와 같은 중요한 단계에서 오류가 발생하지 않도록 개발자가 프로그래밍한 코드를 시뮬레이션하는 테크니컬 QA^{technical quality assurance}를 진행하기도 합니다. 애자일 환경에서 스프린트를 거쳐 제품을 개발하는 조직의 QA는 대체로 다음과 같이 진행됩니다.

QA 프로세스

조직에 따라 다를 수 있지만, 보통 한 스프린트는 2주에서 4주 정도로 소요되며 스프린트마다 QA와 배포를 하는 곳도 있고 2~3회 정도 스프린트를 진행하고 한번에 모아 QA와 배포를 하기도 합니다.

QA가 자리 잡힌 개발 조직에서는 개발 단계부터 테스트를 염두에 둡니다. 테스트할 수 있는 수준으로 개발이 완료되면 QA 담당자는 테스트 케이스^{test case}라는 문서를 참고해 피처가 작동하는지 테스트합니다. 테스트 과정에서 버그가 발생했을 때, 일반적으로 사용자가 상호 작용하는 화면에 문제가 있으면 프런트엔드 개발자에게, 데이터를 주고받는 과정에 문제가 있으면 백엔드 개발자에게 전달해 이슈를 확인하고 해결할 수 있도록 합니다.

개발 서버에서 1차 테스트가 완료되면 사용자가 실제로 사용하는 것과 동일한 데이터를 가진 환경인 **스테이징 버전**^{staging version}으로 제품·서비스를 배포합니다. 스테이징 버전에서도 2차 테스트를 거치고 문제가 없다면 실제 사용자가 사용하는 운영 서버(프로덕션 서버)에 배포합니다. 이를 **프로덕션 배포**production deployment라고 부릅니다. 배포 후에는 회원가입이나 결제 등 가장 중요한 피처를 다시 한번 확인하는 **스모크 테스트**smoke test를 하기도 합니다.

> **🔆용어 사전** **스테이징 버전 & 스모크 테스트**
>
> **스테이징 버전**staging version은 테스트 시 실제 사용자 데이터를 그대로 옮겨 최대한 실제와 유사한 환경을 구성한 것을 의미합니다.
>
> **스모크 테스트**smoke test는 새로 개발한 피처가 기존 주요 기능에 영향을 미치지 않는지 테스트하는 작업을 뜻합니다.

테스트 케이스 작성하기

테스트 케이스test case란 QA를 진행할 때 필요한 각 피처의 조건 및 수행 절차를 표현한 문서를 뜻합니다. 테스트 케이스를 작성할 때는 대분류에서 중분류, 하분류로 내려가면서 테스트할 범위를 그룹화하는 게 좋습니다. 가령 웹사이트의 홈 화면에서 시작한다면 하위에 있는 회원가입, 로그인 화면으로 좁히는 식입니다. 테스트 케이스 역시 스프레드시트와 같은 툴을 이용해 작성할 수 있는데요. 작성 예시를 살펴보면 다음과 같습니다.

> **🔆Tip.** 유저 스토리는 피처를 구현하는 기준이 되므로 이를 상세히 적어 두었다면 테스트 케이스를 작성하는 데 많은 자원을 들이지 않아도 됩니다.

No	테스트 시나리오	테스트 조건	실행 순서	Pass Result	테스트 환경	P/F	비고
1	이메일로 회원가입 – 이메일 유효성 검사 실패	이메일 계정 있음, 회원가입 미진행 상태	1. 앱 진입 2. 메일 계정으로 계속하기 탭 3. 회원가입 탭 4. 이메일에 '@' 다음 '.'이 들어가지 않도록 입력 5. 다른 입력 창 탭	1. 에러 메시지 호출: '이메일이 유효하지 않습니다. 확인 후 다시 입력해 주세요.'	iOS	Pass	
2	이메일로 회원가입 – 비밀번호 입력 실패	이메일 계정 있음, 회원가입 미진행 상태	1. 앱 진입 2. 메일 계정으로 계속하기 탭 3. 회원가입 탭 4-1. 비밀번호에 대문자, 소문자, 특수문자 중 한 가지만 작성 or 4-2. 비밀번호를 5자 미만으로 작성 5. 다른 입력 창 탭	1. 에러 메시지 호출: '비밀번호는 영문 대문자, 소문자, 특수문자 중 2가지 이상을 이용해 6자리 이상으로 설정해 주세요.'	iOS	Fail	
3	이메일로 회원가입 – 비밀번호 재입력 불일치	이메일 계정 있음, 회원가입 미진행 상태	1. 앱 진입 2. 메일 계정으로 계속하기 탭 3. 회원가입 탭 4. 비밀번호 바르게 입력 5. 새 비밀번호와 다른 정보 입력 6. 다른 입력 창 탭	1. 에러 메시지 호출: '비밀번호는 영문 대문자, 소문자, 특수문자 중 2가지 이상을 이용해 6자리 이상으로 설정해 주세요.'	iOS	Block	
4	이메일로 회원가입 – 이메일/비밀번호 설정 성공	이메일 계정 있음, 회원가입 미진행 상태	1. 앱 진입 2. 메일 계정으로 계속하기 탭 3. 회원가입 탭 4. 이메일 바르게 입력 5. 비밀번호 바르게 입력 6. 비밀번호와 같은 정보 입력 7. 다음 탭	1. 기본 정보 입력 창으로 이동	iOS	N/A	
5	비밀번호 재설정				iOS	N/T	

테스트 케이스를 정리한 스프레드시트 예시

먼저 '테스트 시나리오'에는 테스트할 피처 또는 작업을 적습니다. 유저 스토리에서 '~을 할 수 있다.'라고 적었던 부분이 여기에 해당합니다. 유저 스토리의 제목을 그대로 써도 무방합니다. 이어서 '테스트 조건'에는 테스트하는 계정의 상태를 작성합니다. 그리고 '실행 순서', '실행 결과'에는 유저 스토리에서 작성한 '구현에 대한 기준'을 반영합니다. 예를 들어 '이메일의 형식을 잘못 입력했을 때는 유효하지 않은 이메일이라는 에러 메시지가 뜬다.'라는 식으로 조건과 순서, 통과 기준을 작성합니다.

'테스트 환경'은 말 그대로 제품·서비스를 테스트한 환경을 기재합니다. 웹이라면 모바일/데스크톱 환경 또는 실행한 브라우저, 앱이라면 운영체제나 사용기기, 해상도가 테스트 환경이 될 수 있습니다. 'P/F'는 통과 또는 실패 여부를 나타내는 항목으로, P는 Pass(통과), F는 Fail(비정상 작동, 이슈)를 뜻합니다. 이외에도 Block(보류), N/A(개발 지연 또는 취소), N/T(테스트 진행 안 함)가 있으며 이를 표로 정리하면 다음과 같습니다.

Pass	정상 작동
Fail	비정상 작동으로 이슈 발생
Block	여러 원인으로 테스트 진행이 보류
N/A(Not Available)	개발이 지연되거나 개발이 취소되는 기능 사업자 및 개발 담당자와 협의해서 테스트를 진행하지 않는 경우
N/T(Not Tested)	아직 테스트를 진행하지 않은 경우

테스트 케이스는 100% 통과를 목표로 하지 않습니다. 부족한 부분이 있을 가능성을 염두에 두고 실무자들의 협업으로 보완해 나가는 것이 바람직합니다. 웹 브라우저나 모바일 기기를 테스트할 때도 내부 자원에 따라 사용자 비중이 큰 주요 환경을 중심으로 테스트하는 것이 효율적입니다.

소규모 개발 조직이나 애자일 조직에서는 테스트 케이스 작성에 드는 시간을 줄이기 위해 테스트 케이스를 미리 작성하지 않고 바로 실행해 보면서 테스트하는 **탐색적 테스팅**exploratory testing으로 대체하기도 합니다. 탐색적 테스팅은 보통 1~2시간 정도 제한된 시간time-boxing 안에 스프린트 목표에 따라 테스트를 수행하고 요약 보고debriefing하는 방식입니다.

이외에도 이전에 발생한 이슈를 다시 테스트하는 **리그레션 테스트**regression test 등이 있으니 조직의 자원을 고려하되 피처의 완성도를 최대한 높일 수 있도록 다양한 테스트를 진행해 보세요.

> **♀Tip.** 노션 템플릿에 테스트 케이스 템플릿과 실무에서 타 부서와 함께 발생한 버그를 보고받고 관리하는 버그 보드 템플릿도 있으니 참고하세요.

❓궁금해요 피처 검증 테스트에는 어떤 것이 있나요?

피처 검증 테스트, 탐색적 테스팅 외에도 앞서 잠시 언급했던 스모크 테스트를 비롯해 해피 패스 테스트, 리그레션 테스트 등 다양한 종류의 테스트가 있습니다. 이 테스트들은 각기 목표와 방식이 다르기 때문에 조직의 자원이나 상황을 고려해 종류나 순서를 달리 할 수도 있고 여러 테스트를 한 번에 할 수도 있습니다. 그렇다면 각 테스트의 특성을 알아보겠습니다.

먼저 수시로 실행할 수 있는 테스트로는 스모크 테스트가 있습니다. 회원가입, 로그인, 결제 등 주요 플로가 정상 작동하는지 확인할 수 있죠. PM은 혹시 모를 오류가 없을지 수시로 주요 플로에 스모크 테스트를 진행하는 것이 좋습니다.

해피 패스 테스트는 사용자가 가장 많이 경험하는 진행 경로를 테스트하는 것입니다. 고객 여정 지도를 테스트하는 유형이라고 볼 수 있습니다.

리그레션 테스트는 이전에 보고했던 이슈들을 다시 테스트하는 것입니다. 배포 과정에서 과거 이슈들이 다시 발생하는 경우가 종종 있어 QA 환경에서 발생한 이슈를 스테이징에서 다시 확인하는 것도 리그레션 테스트의 일종입니다.

엣지 케이스는 주요한 유저 플로 외에 창의성을 발휘하여 일어날 수 있는 다양한 케이스를 테스트하는 것입니다. 다른 테스트에 비해 상대적으로 우선순위가 낮아 자원이 부족한 조직에서는 생략하는 경우가 많습니다.

이 테스트들의 중요도를 그림으로 나타내면 다음과 같습니다.

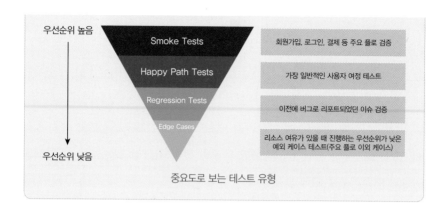

중요도로 보는 테스트 유형

테스트 케이스 작성하기

템플릿 : 테스트 케이스

다음 회원가입 화면의 유저 플로를 확인하고 테스트 케이스를 작성해 보세요. 전체를 한번에 작성하는 것보다 큰 기능부터 대분류에서 하분류로 범위를 좁히면서 작성하는 것이 좋습니다.

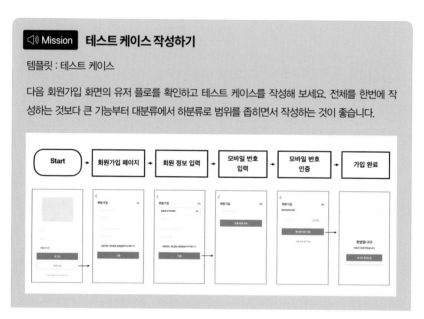

No	테스트 시나리오	테스트 조건	실행 순서	Pass Result	테스트 환경	P/F	실제 결과	비고
0								
1								
2								
3								
4								
5								
6								
7								
8								
9								
10								
11								

6장

친절한
서비스의 완성,
사용성 테스트

66 제품을 디자인하는 여정에는 끝이 없습니다.
성패에 대한 부담을 내려놓고 계속해서 질문하고
답을 내고 분석하는 모든 과정을 즐겨 보세요. 99

_프로덕트 디자이너, 강문주

6-1 사용성 테스트가 필요한 이유

완성도 높고 내부 평가가 좋은 제품·서비스라도 사용자로부터 좋은 반응을 얻는다는 보장은 없습니다. 당연한 말이지만, 프로젝트 실무자는 사용자가 아닙니다. 이미 배경이나 문제에 대해 잘 알고 있는 만큼 편향된 의견을 가질 수밖에 없죠. 설계자와 사용자의 입장은 다르며 그 차이를 예측할 수 없는 경우도 많습니다. 이 차이를 줄이기 위해 가장 접근하기 좋은 방법 중 하나가 **사용성 테스트**usability test입니다.

사용성usability은 사용자가 제품·서비스에서 제공하는 정보를 얼마나 쉽게 인지하고 빠르게 목적을 달성하느냐를 가늠하는 척도입니다. 바로 이 사용성을 점검하는 것을 사용성 테스트라고 하죠. 사용성 테스트란, 제품·서비스의 타깃 사용자가 직접 사용해 보고 피드백을 주는 것으로, 사용자에게 혼란을 주는 피처나 플로를 발견하고 개선하는 데 유용합니다. 특히 사용성 테스트의 결과는 이해관계자들이 의사결정을 하는 데 결정적인 역할을 하기도 하죠.

사용성 테스트는 완성된 제품·서비스로 할 수도 있지만, 최근에는 프로토타입으로 사용성 테스트를 거쳐 피드백을 받고 개선하면서 완성하는 방식이 점차 보편화되고 있습니다. 프로토타입은 피그마, 어도비 XD 등 디자인 도구로 화면 간 이동이나 간단한 인터랙션을 구현하여 충분히 사용성 테스트를 진행할 수 있습니다.

> **Tip.** 만약 프로토타입으로 사용성 테스트를 진행한다면 반드시 참가자에게 현재 테스트할 제품·서비스는 완성 단계가 아님을 분명히 밝혀야 합니다.

사용성 테스트 설계하기

사용성 테스트는 완성된 제품·서비스 또는 프로토타입을 이용해 타깃 사용자가 주어진 특정 과제를 어떻게 수행하는지 관찰하는 방식으로 진행합니다. 가령 '회원가입' 하기나 '원하는 물건을 장바구니에 담기' 같은 과제를 주고 사용자가 어떻게 사용하는지 관찰하는 것이죠. 이때 사용자에게 어떤 정보를 인지했는지, 또 머릿속에 어떤 생각이 떠오르는지 말해 줄 것을 요청해야 합니다. 이를 **씽킹 얼라우드**thinking aloud라 합니다. 이를 통해 관찰자는 우리 제품·서비스에서 사용자가 어떻게 정보를 받아들이고 어떠한 인지 오류로 어려움을 겪는지 관찰할 수 있습니다.

> 💡 **Tip.** 대부분 참가자는 눈앞에 있는 진행자를 배려해 긍정적인 의견을 주려는 경향이 있습니다. 따라서 부담 없이 솔직한 의견을 주는 것이 오히려 도움이 된다고 충분히 설명하는 것이 좋습니다.

규모 있는 UX 컨설팅 업체나 일부 대형 개발 조직은 사용자를 관찰할 수 있는 대형 스크린과 카메라를 갖춘 사용성 테스트 공간이 마련되어 있기도 합니다. 그러나 이 정도 환경을 갖춘 조직이 흔하진 않습니다. 보통은 카페 같은 편한 장소에서 사용자와 만나거나 줌을 이용한 비대면 화상 회의로 사용성 테스트를 진행합니다.

사용성 테스트는 적은 비용으로 사용자의 실질적인 피드백을 얻을 수 있기 때문에, 고객사나 내부 이해관계자를 설득하는 데 매우 효과적입니다.

사용성 테스트를 진행하는 모습

사용성 테스트의 핵심은 사용자가 제품·서비스를 사용하는 과정을 잘 관찰하는 것입니다. 간단하게 관찰만 하면 될 것 같지만, 사람을 대면하는 과정인데다 놓치기 쉬운 부분들이 많은 만큼 탄탄한 설계가 필요합니다. 이를 위해선 다음 4단계를 거쳐야 합니다.

1단계 적합한 사용자 섭외하기

2단계 과제 및 시나리오 작성하기

3단계 사용성 테스트 진행하기

4단계 피드백 반영 및 테스트 반복하기

지금부터 각 단계마다 무엇을 고려해야 하는지 하나씩 살펴보겠습니다.

1단계 적합한 사용자 섭외하기

사용성 테스트에는 타깃 사용자를 대표할 수 있는 사람을 섭외해야 합니다. 이때 또 한번 쓰이는 것이 바로 '퍼소나'입니다. 프로젝트 초기에 정의한 퍼소나와 가까운 참가자를 선정해야 유효한 데이터를 얻을 확률이 높습니다.

물론 사용성 테스트의 횟수도 중요합니다. 횟수가 무척 적으면 그만큼 테스트 신뢰도가 높지 않고, 또 할 수 있는 만큼 많이 하자니 자원이 많이 듭니다. 그렇다면 사용성 테스트에 적절한 인원은 몇 명 정도일까요? 다음 그래프는 사용성 테스트에 참가한 인원에 따른 사용성 문제를 발견할 확률을 나타냅니다.

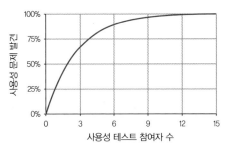

사용성 테스트 참가자 수에 따른 사용성 문제 발견 확률

그래프를 보면 5명까지는 문제를 발견할 확률이 가파르게 높아집니다. 그러나 5명을 넘어가면서 상승 폭이 급격히 줄어듭니다. 물론 참가자 수가 많을수록 100%에 가깝게 문제를 발견하겠지만 비용과 시간 대비 효율성이 떨어집니다. 따라서 이상적인 사용성 테스트 참가자 수는 5명입니다. 이때 5명이라는 수치는 퍼소나에 맞는 사람을 섭외했을 때만 해당한다는 것을 꼭 기억하세요.

2단계 과제 및 사용성 테스트 시나리오 작성하기

퍼소나와 가까운 참가자들을 섭외하고 나면 이제 그들에게 과제를 제공해야 합니다. 대뜸 프로토타입을 내밀면서 "자, 서비스를 사용해 보고 문제를 발견해 보세요."라는 식의 질문은 사용자에게 의미 있는 피드백을 얻어 낼 가능성이 낮습니다.

참가자가 혼란을 느끼지 않고 곧장 실행에 옮길 수 있도록 가능한 한 구체적인 시나리오와 과제를 주어야 합니다. 예를 들어, "가장 마음에 드는 물건을 골라 결제를 진행해 보세요."와 같이 명확한 과제를 제공하는 것이 좋습니다.

그 다음 주요한 3~5개의 과제를 선별하고 우선순위를 정합니다. 또, 혹시 모를 상황에 대비해 여분의 과제도 몇 가지 준비하는 것이 좋습니다.

3단계 사용성 테스트 진행하기

이제 사용자와 대면할 차례입니다. 대면 자리에서 중요한 역할을 하는 것은 진행자moderator입니다. 2단계에서 준비한 과제를 사용자가 어떻게 수행하는지를 관찰하고 기록하는 것이 진행자의 역할입니다.

사용성 테스트를 진행하는 중 사용자에게 가장 먼저 요청할 것은 앞서 언급했던 소리 내어 생각하기, 즉 씽킹 얼라우드를 요청하는 것입니다. 가령 "이 버튼을 누르면 마이페이지로 이동할 수 있을 것 같아요.", "구매하기를 누르면 장바구니로 이동할 것 같은데 눌러 볼게요."와 같이 사용자의 생각과 행동할 것들을 소리내 말해 주길 요청하는 것입니다.

사용자를 관찰하는 것만큼 중요한 진행자의 또 다른 역할은 참가자와 소통하는 것입니다. 참가자들이 편안하고 자연스럽게 행동할 수 있는 분위기를 조성해 씽킹 얼라우드가 원활히 이루어지도록 해야 합니다. 참가자들은 과제를 수행하면서 "여기서는 이 버튼을 누르면 되나요?", "여기서 이렇게 하는 게 맞나요?" 같은 질문을 하기도 합니다. 이때 진행자는 가능한 답을 바로 주기보다는 참가자가 고민하도록 유도해야 합니다. "어떻게 해야 할 것 같나요?", "왜 그렇게 생각하시나요?" 등의 질문을 던지고 사용자들을 관찰하는 것이 더 효과적인 결과를 얻는 방법입니다. 참가자의 실수를 바로잡는 것은 테스트에 도움이 되지 않습니다.

또, 사용자의 비언어적 표현도 관찰의 대상이 됩니다. 특정 화면에서 오래 머무르거나, 과제 수행 중 헤매는 등 행동, 표정, 톤과 같은 비언어적 표현도 유심히 관찰하면 개선 사항을 더 많이 발견할 수 있습니다.

4단계 피드백 반영 및 테스트 반복하기

테스트를 종료하고 나면 팀원과 기록 내용을 함께 보며 개선 방향성을 의논합니다. 개선할 내용을 디자인 또는 피처에 반영해 업데이트한 다음 다시 사용성 테스트를 반복합니다. 이 과정을 **이터레이션**iteration이라고도 합니다. 이 과정은 제품·서비스가 일정 수준의 완성도를 달성할 때까지 이어집니다.

> 💡**Tip.** '일정 수준'이란 조직 또는 팀에서 설정한 완성도를 뜻합니다.

이처럼 사용성 테스트는 각 4단계를 반복하면서 제품·서비스의 품질을 높이는 과정입니다. 단계는 간단하지만, 그 안에서 사용자 섭외, 테스트 시나리오 작성, 테스트 진행 및 기록 등 준비해야 할 것들이 무척 다양합니다. 따라서 다음과 같이 사용성 테스트 설계 과정과 테스트 시나리오를 문서로 작성해 체크리스트처럼 사용하면 무척 유용합니다.

진행자	홍석희
장비 및 환경	테스트 기기: iPhone 13 기록용 기기: 핸드폰(녹화), 노트북(필기용)
대상	1. 24세 대학생 김나래 　　a. 일주일에 1번 이상 쇼핑 2. 25세 1년 차 직장인 강문주 　　a. 단골 보세 가게 있음 　　b. 브랜디, 에이블리 등 사용
일정/장소	2023.11.01 / 스타벅스 합정점
시간 배분	1. 05:00 – 스몰 토크(5분) 2. 20:00 – 테스트 진행(15분) 3. 30:00 – 후속 질문 및 마무리(10분) 4. 50:00 – 테스트 리뷰(20분) 5. 60:00 – 다음 테스트 세팅(10분)

사용성 테스트 설계

소개	1. 인사 및 테스트 소개
	2. 이름, 나이, 직업, 담당하는 직무
	3. 자주 입는 옷 스타일, 참고하는 연예인 등
주의 사항	1. 행동을 유도하는 질문은 하지 않는다.
	2. '씽킹 얼라우드'를 요청한다.
	3. 비언어적 표현에 주의한다.
테스트 진행	시나리오: 참가자는 평소 한 판매자의 방송을 보고 옷을 구매하고 있습니다. 여느 때와 같이 저녁에 볼라 앱을 켰는데, 평소에 자주 보던 셀러가 방송을 하지 않아 판매하는 옷의 스타일이 비슷한 다른 셀러의 상점 페이지들을 둘러보게 되었습니다.
	과제 1. 판매하는 옷 스타일이 비슷한 셀러 팔로우하기
	과제 2. 라이브 영상 보고 카카오페이로 구매하기
	발생한 이슈 1. [셀러] 아이콘을 찾지 못함
	발생한 이슈 2. 랜딩 화면에서 장바구니를 찾기가 어려움
마무리	1. 감사 인사
	2. 선물 증정(스타벅스 기프트 카드)
테스트 리뷰 및 개선	팀원과 테스트 기록 영상 및 이슈 공유
	개선안 1. [셀러] 아이콘 변경
	개선안 2. 랜딩 화면에 장바구니 아이콘 추가

테스트 시나리오

6-2 사용성을 높이는 '제이콥 닐슨의 10가지 휴리스틱 평가'

문제를 해결하거나 발견하거나 빠른 의사결정을 위해 경험을 활용해 직관적으로 문제를 파악하고 결과를 예측해 의사결정을 내리기도 하죠. 논리적인 사고보다 직감적인 사고나 경험에 의해 축적된 의사결정 프로세스를 따르는 것을 가리켜 **휴리스틱**heuristic이라고 합니다.

휴리스틱은 데이터 분석보다 간단하고 사용성 테스트보다 시간을 아낄 수 있다는 장점이 있지만, 작업자 주관에 따라 평가를 내리기 때문에 작업자의 지식과 경험의 폭에 따라 결과가 달라질 수 있다는 위험 요소가 있습니다.

그럼에도 휴리스틱을 사용하는 이유는 짧은 시간에 개선 아이디어를 도출할 수 있다는 장점이 있기 때문인데요. 그중 가장 널리 알려진 방법으로 **제이콥 닐슨의 사용성 10 원칙**이 있습니다. 이는 닐슨 노먼 그룹의 공동 회장인 제이콥 닐슨Jacob Nielson이 창안한 원칙으로, 질 높은 사용자 경험을 위해 보편적으로 적용할 수 있는 규칙을 10가지로 정리한 것입니다. 이 규칙은 웹, 앱뿐만 아니라 모든 제품 · 서비스에 적용할 수 있는데, 우리는 그중에서도 웹과 모바일 서비스를 중심으로 하나씩 살펴보겠습니다.

규칙 1 시스템 상태의 시각화

시스템 상태의 시각화visibility of system status는 사용자에게 시스템의 현재 상태를 시각적으로 보여 주는 것입니다. 구글 드라이브에 파일을 업로드할 때 진행 상황을 표시하거나, 커머스에서 구매할 물품의 재고 현황이 표시되는 것을 예로 들 수 있습니다. 정보 구조가 복잡한 서비스에서는 브레드크럼breadcrumbs을 이용해 사용자의 현재 위치를 알려 주는 것도 여기에 속합니다.

업로드 중인 파일 상태 표시 − 재고 상태 표시

💡 **용어 사전** **브레드크럼**

브레드크럼breadcrumbs은 '빵가루'라는 뜻으로, 동화 『헨젤과 그레텔』에서 집을 찾아가기 위해 뿌리던 빵가루에서 나온 용어입니다. 보통 커머스 사이트에서 '홈 〉 프로필 〉 위시리스트'와 같이 사용자의 현재 위치를 표시하는 역할을 합니다.

규칙 2 현실 세계를 반영한 시스템

현실 세계를 반영한 시스템match between system and the real world은 사용자가 일상에서 접하는 것과 가깝도록 표현해서 친숙함을 주는 것입니다. 이는 제품·서비스를 개발할 때 작업자가 가장 흔히 하는 실수로, 관계자들에겐 약속된 기호지만 사용자에겐 익숙하지 않은 아이콘을 쓴다거나, 관련 직군의 사람들만 이해할 수 있는 용어를 사용하는 것이 그 예입니다. 현실 세계를 반영한 시스템으로는 전자책 리더에서 실제로 책장을 넘기는 것 같은 인터랙션을 넣는다거나 밑줄을 칠 수 있는 기능을 제공해 사용자의 인지를 돕는 것 등이 있습니다.

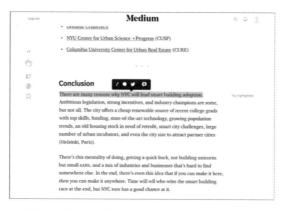

형광펜으로 종이에 밑줄을 긋는 효과를 낸 시스템 (출처: 미디엄)

규칙 3 사용자의 제어와 자유

사용자의 제어와 자유user control and freedom는 사용자에게 적절한 통제권을 주어 잘 못된 행동을 스스로 바로잡을 수 있도록 하는 것입니다. 가령 이메일을 잘못 보냈을 때 취소라는 제어를 할 수 있게 해서 메일을 쓰던 중 실수로 화면에서 이탈하더라도 입력한 내용을 자동 저장하는 방식으로 사용성을 개선할 수 있 습니다.

잘못 입력한 메일 주소에 대한 전송 오류 메일 & 발송한 메일 취소 버튼

규칙 4 일관성과 표준

일관성과 표준consistency and standards은 하나의 제품·서비스 또는 브랜드 안에서는 레이아웃, 색상, 톤, 매너 등을 유지하는 것입니다. 이는 사용자의 혼란을 줄이는 중요한 요소입니다. 좋은 예로는 구글의 **머티리얼 디자인**material design과 애플의 **휴먼 인터페이스 가이드라인**human interface guidelines을 들 수 있습니다. 이런 디자인 가이드라인은 사용자가 어떤 기기를 사용하건 일관성 있는 경험을 제공합니다. 일관성을 확인하기 위해서는 페이지 내에서 동일한 레이아웃 정책을 사용했는지, 정보의 표현 방식에 일관성이 있는지 등을 살펴볼 수 있습니다.

- 구글의 머티리얼 디자인 가이드 : m3.material.io
- 애플의 휴먼 인터페이스 가이드라인 : developer.apple.com/design

규칙 5 오류 방지

앞서 '규칙 3. 사용자의 제어와 자유'가 사용자의 잘못된 사용을 스스로 바로잡을 수 있도록 하는 방식이라면 **오류 방지**error prevention는 사용자가 실수를 하기 전에 미리 방지하는 설계입니다. 에러 메시지는 사용자 입장에선 부정적인 경험이므로 가급적 사용자가 실수하지 않도록 안내하는 것이 먼저입니다. 예를 들어 사용자가 검색 창에 검색어를 입력할 때 앞 글자만 입력해도 적절한 검색어를 추천하거나, 모바일 인증을 할 때 국가 코드를 자동으로 입력해 주는 등 사용자의 의도를 미리 예측하고 대응하면 오류 발생률과 사용자 이탈률을 줄일 수 있습니다.

국가번호 자동 입력, 검색어 자동 추천

규칙 6 기억보다 인지

기억보다 인지recognition rather than recall는 사용자가 기억해야 할 것들을 최소화하는 것입니다. 사용자는 입력한 정보나 사용한 내역을 일일이 기억하지 않으므로 맥락에 맞게 정보를 제공해 원하는 행동을 쉽게 수행하도록 배려해야 합니다. 가령 인터넷 뱅킹 서비스에서 이전에 송금했던 계좌번호 목록을 보여 주거나 검색 서비스에서 이전 검색 기록을 보여 주는 기능 등을 예로 들 수 있습니다.

카카오 최근 송금 리스트, 최근 검색 히스토리

규칙 7 유연함과 효율성

유연함과 효율성flexibility and efficiency of use은 사용자의 숙련도에 따라 여러 가지 수행 방법을 준비하는 설계가 필요하다는 뜻입니다. 즉, 같은 기능도 여러 방법으로 실행할 수 있도록 배치하는 것입니다.

예를 들어 문서 편집기(메모장, 워드 등)에서 복사, 붙여 넣기를 할 때 초보자는 마우스 오른쪽 버튼을 클릭해 복사 → 붙여 넣기를 할 수 있고, 숙련자는 단축키 [Ctrl] + [C]와 [Ctrl] + [V]를 눌러서 수행할 수 있습니다. 또, 회원가입 페이지에 SNS를 통한 간편 가입, 이메일 회원가입 등 여러 가지 옵션을 제공하는 것도 유연성이 높게 설계된 예입니다.

SNS 가입으로 유연성을 높인 사례

규칙 8 심미성과 간결한 디자인

심미성과 간결한 디자인aesthetic and minimalist design은 시각적으로 아름답되 군더더기 없는 디자인을 뜻합니다. 특히 군더더기 없는 간결한 디자인은 정보의 가독성과 접근성을 높이죠. 이 2가지가 함께 있는 이유는 심미성을 높이려 디자인 요소를 덕지덕지 붙여 가독성과 접근성을 떨어뜨려서도 안 되고, 심미성을 전혀 고려하지 않은 간결한 디자인도 사용자의 눈높이에 맞지 않기 때문입니다.

규칙 9 사용자의 오류 인식·진단·제거

사용자의 오류 인식 · 진단 · 제거help users recognize, diagnose, and recover from errors는 오류가 발생했을 때 사용자가 스스로 문제를 파악하고 수정할 수 있도록 설계해야 한다는 뜻입니다. 사용자들은 오류를 마주하거나 원하는 정보를 얻는 데 실패하면 쉽게 이탈해 버립니다. 사용자가 오류를 인지하는 것은 물론이고 이를 어떻게 해결해야 하는지까지 피드백을 제공해야 합니다.

구글 가입 시 미입력 필드에 대한 에러 메시지

규칙 10 지원과 도움 문서

지원과 도움 문서help and documentation는 도움말이나 설명서와 같이 사용자가 어려움을 겪거나 궁금증이 있을 때 도움을 줄 수 있는 다양한 유형의 문서나 서비스가 제공되어야 합니다. 자주 묻는 질문에 대한 답변이나 도움말, 고객센터 등이 이에 해당합니다. 특히 소프트웨어 서비스 관련 문서는 접근성이 좋고 정보를 검색하고 해석하는 데 어려움이 없도록 만들어져야 합니다.

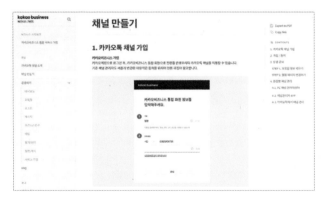

카카오 비즈니스 가이드 문서

지금까지 리서치를 통해 얻은 데이터에서 인사이트를 발견하고 디자인으로 구체화하는 과정을 살펴보았습니다. 각 장의 미션을 순서대로 진행하면 하나의 제품·서비스를 완성하기까지 필요한 아이디어와 문서를 모두 정리할 수 있으니 꼭 시간을 내서 작성해 보세요. 다음 장부터는 사용자를 더 깊이 이해하기 위한 행동경제학과 심리학 그리고 데이터를 살펴보면서 제품 기획에 깊이를 더해 보겠습니다.

🔊 Mission 이 제품·서비스의 사용성은 몇 점일까? – 휴리스틱 평가하기

템플릿 : 제이콥 닐슨의 10가지 사용성 휴리스틱 평가

'제이콥 닐슨의 10가지 사용성 휴리스틱 평가'는 우리 제품·서비스를 분석하는 데도 도움이 되지만, 경쟁 분석에 활용하면 방향성을 잡는 데 새로운 아이디어를 줄 수도 있고 디자인 과정에서 사용성을 고려할 수 있습니다.

이번에는 여러분이 자주 사용하는 제품·서비스를 2~3개 이상 비교하며 10가지 휴리스틱 항목에 점수를 매겨 보세요. 항목당 점수는 5점 만점으로 잡은 다음 평균을 내고 비교해 보면 어떤 제품·서비스의 사용성이 가장 높은지 한눈에 비교할 수 있습니다.

물론 휴리스틱은 주관적 평가인 만큼 정답은 없습니다. 하지만 본인만의 기준을 가지고 분석을 연습해 보면 자신만의 UX 라이브러리를 쌓는 데 많은 도움이 됩니다.

휴리스틱	서비스 A	서비스 B	서비스 C
1. 시스템의 현재 상태가 사용자에게 보이는가?			
2. 사용자의 현실 세계와 부합되는 디자인과 시스템으로 이루어져 있는가?			
3. 사용자에게 적절한 통제권을 부여하는가?			
4. 일관성과 표준성이 유지되고 있는가?			
5. 오류를 사전에 방지하는 디자인인가?			
6. 사용자가 언제든 인지할 수 있는 디자인인가?			
7. 사용에 있어서 유연하고 효율적으로 설계되어 있는가?			
8. 심미적이고 군더더기 없는 디자인인가?			
9. 오류 발생 시 사용자 스스로 문제를 파악하고 수정할 수 있도록 설계되어 있는가?			
10. 사용자에게 충분한 도움말을 제공하고 있는가?			
평균 점수			

7장

사용자를
움직이는
실전 심리학

66 명확한 가치를 전달하는 제품·서비스를 만들려면
원칙에 따라 크고 작은 결정들을 하는 것이 좋습니다. 99

_프로덕트 매니저, 조은비

7-1 행동경제학

사용자로 하여금 원하는 행동을 유도하거나 재방문율을 높이고 싶다면 사용자의 심리와 행동 패턴을 이해하고 접근해야 합니다. 그 방법 중 하나가 행동경제학을 이용하는 것입니다. 경제학이 인간의 행동은 합리적이고 이성적이라는 것을 전제한다면, 행동경제학은 인간의 행동은 환경에 따라 얼마든지 달라질 수 있고 심지어 원하는 대로 유도할 수도 있다는 것을 전제하고 있습니다. 이번 절에서는 사용자의 행동을 유도할 수 있는 몇 가지 행동경제학 이론을 살펴보겠습니다.

잃기 싫은 심리, 결핍

결핍scarcity은 적은 자원에 더 높은 가치를 부여하는 현상을 의미합니다. 보통 사람은 얻는 것보다 잃는 것에 대해서 더 크게 반응하는 경향이 있습니다. 구체적인 예시를 하나 살펴보겠습니다. 한 가게에 두 종류의 쿠키가 있습니다. 한쪽은 10개가 남았고, 다른 한쪽은 2개가 남았다면 사람들은 어떤 쿠키를 살 확률이 높을까요? 바로 2개가 남은 쿠키입니다. 적게 남은 쿠키가 더 희소해 보이기 보이기 때문이죠.

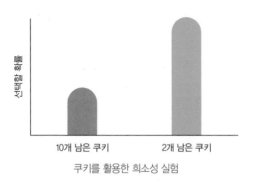

쿠키를 활용한 희소성 실험

결핍이란 무언가를 상실할 때 또는 상실할지도 모른다고 느낄 때 드는 부정적인 심리 때문에 공급이 적은 것에 더 높은 가치를 매기는 현상입니다. 우리가 일상에서 접하는 많은 제품·서비스에도 결핍을 이용한 장치가 곳곳에 마련되어 있습니다. 대표적인 예로 일시적 할인이나, 기간에 따라 혜택 범위를 제한하거나, 재고가 얼마 남지 않았다는 표시 등이 결핍을 이용했다고 볼 수 있습니다. 이번 기회를 놓치면 더 높은 가격에 사야 하는 가상의 상실감을 느끼게 함으로써 전환율을 높이죠.

구매 페이지의 희소성 사례

사용자를 움직이는 즉각적 보상의 힘

모든 제품·서비스 공급자는 사용자에게 가치를 주기 위해 노력합니다. 하지만 사용자의 재방문율은 가치 제공 시점이 즉각적이냐, 미래에 있냐에 따라 달라집니다. 예를 들어 운동으로 신체 능력이 향상되는 것은 높은 가치를 제공하지만, 당장 결과는 보이지 않는 미래의 가치입니다. 여기에 운동을 단 한 번만 해도 즉각적 보상을 느낄 수 있는 장치를 추가하면 이야기가 달라집니다.

여기서 말하는 즉각적 보상이란 운동의 최종 목표인 건강이나 신체 능력 향상이 아니더라도 스스로 뭔가를 해냈음을 시각적으로 보여 주는 운동 기록이나 다른 사용자의 응원, 친구보다 높은 랭킹 등도 포함됩니다. 즉, 신체 능력 향상이라는 크고 궁극적인 가치보다 즉각적 보상에 사용자는 즐거움을 느끼고 재방문할 확률이 높다는 뜻이죠. 예를 들어 피트니스 밴드가 제공하는 가치를 기간과 유용성, 즐거움이라는 기준에 따라 포지셔닝 맵에 얹으면 다음과 같습니다.

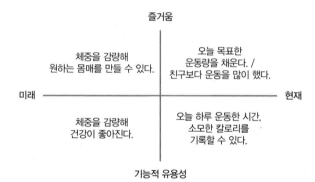

가치 제공 시점에 따른 사용자의 가치 포지셔닝 맵

한 연구에 따르면 포지셔닝 맵에 놓인 여러 가치 중 미래보다는 현재에, 기능적 유용성보다는 즐거움에 사용자가 더 빠르게 반응한다고 합니다. 이런 사용자의 심리를 이해하고 우리 제품·서비스의 궁극적 가치를 유지하면서도 즉각적 가치는 어떻게 줄 수 있을지 고민해 보세요.

선택 과부하

선택 과부하choice overload란 선택지가 지나치게 많으면 오히려 선택을 하기가 어려운 것을 뜻합니다. 사람은 의사결정을 할 때마다 에너지를 소비하는데, 이때 사용할 수 있는 에너지의 양은 무한하지 않습니다. 따라서 선택지가 많을수록 의사결정을 하는 데 필요한 에너지 소비량이 많아지고 그만큼 피로도가 커지죠. 즉, 선택지가 많을수록 오히려 선택을 하기가 어려워진다는 것입니다.

한 심리 실험에서 진행한 연구 결과를 살펴보겠습니다. 여기 잼을 판매하는 2개의 가게가 있습니다. 가게 A에는 6종류의 잼이 놓여 있고 가게 B에는 24종류의 잼이 놓여 있습니다. 두 가게 중 잼을 더 많이 판 가게는 어디일까요? 얼핏 보면 잼의 종류가 많은 가게 B일 것 같지만, 실험 결과는 다음과 같았습니다.

다가온 손님은 24종류의 잼을 진열한 가게 B가 높았고 시식한 손님은 두 가게가 비슷했지만, 정작 잼을 구매한 손님은 6종류의 잼을 진열한 가게 A가 10배 가까이 높았습니다.

	가게 A (잼 6 종류)	가게 B (잼 24 종류)
다가온 손님	40%	60%
시식한 손님	1.4	1.5
구매한 손님	30%	3%

잼의 종류에 따른 구매율 차이

이러한 현상은 우리가 매일 이용하는 제품·서비스에도 그대로 적용됩니다. 조사 기관 허브스팟에서 4만 개에 달하는 랜딩 페이지의 전환율을 조사한 결과, 입력 필드 수가 3개일 때까지는 전환율이 올랐지만 그 이상부터 전환율이 점점 떨어지는 것을 확인할 수 있습니다.

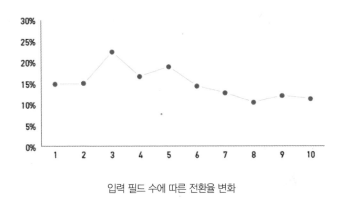

입력 필드 수에 따른 전환율 변화

따라서 사용자가 스스로 통제하고 있다는 느낌을 전달하면서도 부담을 느끼지 않을 정도로 선택지 수를 조절하는 것이 전환율을 높이는 데 도움이 됩니다.

소셜 프루프

사람들은 유행에 민감합니다. 드라마 속 배우가 든 가방, 가수가 쓴 모자, 인플루언서가 먹은 음식 등이 광고, TV 드라마, SNS 등으로 퍼져 나가면서 소비가 증가하고 이는 곧 유행이 됩니다. 이렇게 다수의 행위가 개인에게 영향을 미치는 현상을 행동경제학에서는 **소셜 프루프**social proof라고 합니다. 다수의 의견이 개인에게 얼마나 영향을 미치는지 확인할 수 있는 한 가지 실험이 있습니다. 실험 진행자는 실험 참가자들에게 다음과 같은 그림 2장을 보여 주고 오른쪽 3개의 막대 중 왼쪽 그림의 막대와 길이가 같은 것을 찾아내도록 했습니다. 정답은 다음 이미지에서 볼 수 있듯이 C입니다.

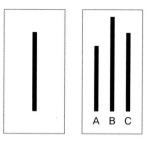

막대가 1개인 그림과 3개인 그림

그러나 이 실험의 대상자는 처음부터 한 명뿐이고 그를 제외한 나머지 실험 참가자는 모두 B라고 대답하기로 협의된 상황이었습니다. 두 그림을 본 실험 대상자는 C인 것을 쉽게 알아챘음에도 함께 실험에 참여한 모든 사람이 B라고 대답하자 결국 B라고 대답하는 모습을 보였습니다. 이 실험을 반복한 결과, 정답을 알면서도 다수의 의견에 따라 B라고 답한 대상자는 약 70%에 달했습니다. 이처럼 사회적 압력과 환경적 요소는 사람들의 행동을 결정하는 데 중요한 요인으로 작용합니다.

그렇다면 이런 소셜 프루프 현상을 사용자의 행동을 바꾸는 데 사용할 수 있을까요? 이를 검증할 수 있는 비슷한 실험이 뉴욕의 한 호텔에서 진행된 적이 있습니다. 이 호텔은 매일 사용하는 수건의 세탁 비용을 절감하기 위해 수건 재사용을 유도할 방법을 고민했습니다. 처음에는 '지구를 살립시다.', '좋은 시민이 됩시다.'와 같은 문구를 써서 붙여도 봤지만, 거의 효과를 보지 못했습니다. 이에 호텔 측은 심리학자들을 섭외했고 이들은 고객의 행동 변화를 관찰하기 위해 각 객실에 다음과 같은 3가지 문구를 붙여 반응을 비교해 보았습니다.

문구 A	문구 B	문구 C
환경을 위해 수건을 재사용해 주세요!	올해 75%의 고객님께서 수건 재사용 운동에 동참하여 환경 살리기에 기여했습니다!	올해 230호에 머문 고객님 중 75%가 수건 재사용 운동에 동참하여 환경 살리기에 기여했습니다!

어떤 문구가 고객들의 수건 재사용을 가장 잘 유도했을까요? 결과는 C였습니다. 다른 사람들이 특정 행동을 했다는 걸 알았을 때 같은 행동을 할 가능성이 높았던 것입니다. 또, B와 비교를 해보면 단순히 많은 사람이 했다는 것보다 나와 같은 환경에 있는 많은 사람이 했다는 것이 더 큰 영향을 미친다는 것도 발견할 수 있었습니다.

이와 같은 소셜 프루프는 전자상거래 사이트나 숙박 사이트 등에서 흔히 볼 수 있습니다. 사이트에서 원하는 숙소나 제품의 상세 페이지를 보면 몇 명의 여행객이 같은 숙소를 예약했다는 문구나 '해당 제품을 구매한 고객이 구매한 다른 제품'과 같은 항목을 보여 주는데 이는 나와 취향이나 행동 패턴이 비슷한 사람들이 구매한 물건이기 때문에 구매로 이어질 확률이 높습니다.

취향, 행동 패턴이 비슷한 다른 사용자의 선택을 추천하는 문구들 (출처: 아고라, 쿠팡, 무신사)

이런 메시지는 단순히 구매를 유도할 뿐만 아니라 신뢰감을 높이는 데도 영향을 미칩니다. 후기가 많은 제품·서비스의 구매율이 더 높은 이유도 같은 맥락입니다.

상대성과 유인책

한 조사에 따르면 평균 연봉이 3,000만 원인 지역에서 연봉 4,000만 원을 받는 사람의 행복도가, 평균 연봉이 1억 원인 동네에서 연봉 8,000만 원을 받는 사람보다 높은 것으로 나타났습니다. 이는 사람은 주변의 대상과 끊임없이 비교한다는 것을 보여 주는 사례로, 행동경제학에서는 이를 **상대성**^{relativity}이라고 합니다.

상대성과 유인책을 적절히 활용하면 고객의 행동을 유도할 수 있습니다. 이를 잘 활용한 사례로 영국의 경제 잡지 『이코노미스트』의 구독제 가격 모델이 있습니다. 이코노미스트는 종이 잡지와 웹진을 동시에 운영하면서 구독제 시스템을 다시 잡기 위해 독자들에게 다음과 같은 가격 모델을 제시했습니다.

초기에는 상대적으로 저렴한 A를 선택한 비율이 68%였습니다. B의 2배가 넘는 수준이었죠. 하지만 이코노미스트가 더 높은 수익을 위해 유도하고 싶은 구독제는 B였습니다. 그래서 이코노미스트는 구독 시스템 C를 추가했습니다.

웹진과 종이 잡지를 모두 제공하는 B와 가격이 동일하면서도 온라인 구독 옵션은 포함되지 않은 C가 등장했습니다. 불필요한 옵션 같지만 C는 **유인책**decoy 역할을 합니다. 이전까지 A와 B를 비교하던 독자들은 이제 동일한 가격의 B와 C를 비교하게 된 것입니다. 그리고 당연히 같은 가격에 더 많은 옵션이 포함된 B를 선택할 확률이 높아졌죠. 결과적으로 A를 선택한 비율은 16%, B를 선택한 비율은 84%로, 큰 변화를 보이게 되었습니다. 물론 구독 C를 선택하는 사람은 거의 없었습니다. 이처럼 상대성과 유인책을 적절히 활용하면 상품을 판매할 때 유리한 전략을 세울 수 있습니다.

피크엔드 법칙

피크엔드 법칙peak-end rule은 노벨경제학상을 수상한 심리학자이자 경제학자인 대니얼 카너먼Daniel Kahneman이 발견한 법칙으로, 사람이 특정 경험을 판단할 때는 전체 상황을 떠올리기보다 감정적으로 절정이었던 순간과 마지막 순간을 기준으로 판단한다는 것을 뜻합니다.

예를 들어 치통 환자 A와 화상 환자 B의 통증에 대한 경험을 그래프로 나타내면 다음과 같습니다. 그래프를 보면 고통에 이르는 정도는 두 사람이 비슷하지만 환자 A는 충치를 제거했을 때 통증이 빠르게 가라앉았고, 환자 B는 시간이 흐르면서 차츰 통증이 가라앉는 모습을 확인할 수 있습니다.

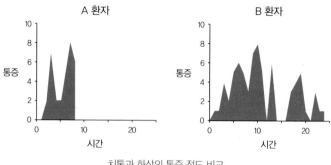

치통과 화상의 통증 정도 비교

그렇다면 환자 A와 B 중 누가 더 이 경험을 고통스러웠다고 기억할까요? 바로 환자 A입니다. 통증의 정도는 두 사람이 비슷했고 통증을 견뎌야 했던 시간은 오히려 환자 B가 길었음에도 말이죠.

이런 결과가 나온 이유는 사람은 모든 순간을 연결해서 기억하지 않고 가장 자극적인 순간과 끝나는 순간의 평균을 전체 경험의 정도로 인식하는 경향이 있기 때문입니다. 즉, 환자 A는 고통의 최고점이 8, 마지막 지점이 7이므로 7.5로 기억하고, 환자 B는 최고점은 8이지만 마지막에 느낀 고통의 정도가 1이었기 때문에 그 평균인 4.5로 기억하는 것입니다.

제품·서비스에도 이 법칙이 적용됩니다. 많은 제품·서비스가 사용자의 콘텐츠를 소비 시점, 구매 시점 등 절정 지점의 경험은 공들여 설계하지만, 사용자가 경험을 끝내는 순간까지는 미처 신경 쓰지 못하기도 합니다. 그러나 제품·서비스를 종료하는 순간은 전체 경험을 평가하는 가장 중요한 척도 중 하나로, 마지막 경험까지 공들이는 것이 좋습니다. 예를 들어 결제가 끝났을 때 구매한 옷과 잘 어울리는 코디나 새로운 제품을 추천해 주는 '무신사'나 사용자가 글 한 편을 다 읽으면 비슷한 글을 추천해 경험을 제공하는 '미디엄'과 같은 플랫폼을 예로 볼 수 있습니다. 사용자의 마지막 경험까지 세심하게 신경

써 경험에 대한 긍정적인 감정이 유지되도록 유도하는 거죠. 이렇게 마지막까지 긍정적 경험을 유지할수록 사용자의 심리적 만족감이 높아집니다.

디폴트의 힘

사람들이 기본적으로 제시되는 옵션을 선택하는 경향이 있음을 나타냅니다. 다시 말해 선택의 기본값이 어떤 것으로 설정되어 있느냐에 따라 사람들의 결정이 크게 영향을 받을 수 있습니다.

예를 들어, 몇몇 국가에서는 근로자들이 연금 저축 계획에 자동으로 가입되게 하고, 그들이 직접 탈퇴하는 옵션을 선택하도록 하는 방식을 채택하였습니다. 결과적으로 이러한 디폴트 설정은 연금 저축률의 큰 증가를 가져왔습니다.

이런 경향을 잘 활용하면 사용자의 행동을 유도하는 데 도움이 됩니다. 예를 들어 '칸바'는 로고나 유튜브 섬네일 등을 쉽게 디자인할 수 있는 온라인 디자인 툴입니다. 포토샵과 달리 칸바는 여러 템플릿을 기본 제공하여 사용자들이 빈 화면에서 크게 고민하지 않고 원하는 템플릿을 수정하여 빠르게 작업할 수 있도록 유도합니다. 그 결과 사용자들은 더 빠르고 쉽게 디자인 작업물을 완성할 수 있습니다.

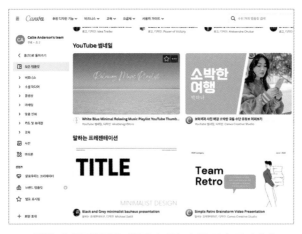

다양한 디자인 템플릿을 제공하여 작업 시간을 줄여 주는 '칸바'

7-2 사용자의 습관을 만드는 훅 모델

제품·서비스의 설계자가 가장 바라는 것 중 하나는 바로 사용자의 재방문입니다. 한 번의 경험에서 그치지 않고 우리 제품·서비스가 사용자 일상의 한 부분, 즉 습관이 되는 것이 조직의 성장과 직결되기 때문이죠. 그러기 위해선 근본적으로 사용자가 어떻게 습관을 형성하는지 그 원리를 파악할 필요가 있습니다.

행동경제학 분야의 권위자이자 작가로 활동 중인 니르 이얄Nir Eyal은 사용자가 습관을 형성하는 원리를 파악하기 위해 행동경제학, 심리학 등 다양한 관점에서 연구한 결과, 사용자가 반복해서 사용하는 제품에는 공통 패턴이 있다는 것을 발견했습니다. 이를 이론으로 정립한 것이 바로 **훅 모델**hook model입니다.

훅 모델은 사용자가 제품·서비스를 한 번 사용하는 데서 그치지 않고 습관으로 형성되기까지의 과정, 즉 사이클을 뜻합니다. 훅 모델은 **계기, 행동, 가변적**

보상, 투자라는 4단계로 이루어져 있는데, 사용자가 이를 반복해서 경험하면 일상의 한 부분이 될 확률이 높다는 이론입니다.

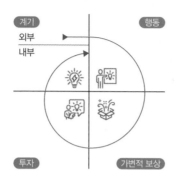

훅 모델 사이클

훅 모델의 4단계가 잘 형성된 대표적 사례로 월별 활성 사용자 수가 수억 명에 달하는 영상 SNS '틱톡'을 들 수 있습니다. 틱톡이 놀라운 점은 활성 사용자 중 매일 접속하는 사용자의 비율이 무려 57% 정도라는 사실입니다. 평균적으로 매일 접속하는 활성화 사용자의 비율이 20%만 넘어도 좋은 평가를 받는데, 이는 매우 높은 수치라고 할 수 있습니다. 그만큼 '틱톡'은 습관성과 몰입도가 높은 플랫폼입니다.

습관성과 몰입도가 높은 플랫폼, 틱톡 (출처: 틱톡)

이처럼 습관적으로 생활에서 자연스럽게 제품 · 서비스를 이용할 때 훅 모델의 4단계를 거치게 되는데요. 과연 각 단계에서 사용자는 어떤 경험을 하게 되는지 하나씩 살펴보겠습니다.

계기

계기^{trigger}는 습관 형성의 첫 단계로, 크게 외부 계기와 내부 계기로 나눌 수 있습니다. 가령 아침에 잠에서 깨는 것도 일종의 습관입니다. 이때 잠에서 깨는 계기는 무엇일까요? 알람 소리(외부 계기)일 수도 있고, 학교나 회사에 지각해서는 안 된다는 위기감(내부 계기)일 수도 있죠.

제품 · 서비스를 사용하는 데도 외부 계기와 내부 계기가 필요합니다. 외부 계기의 대표적인 예로 사용자의 클릭을 유도하는 [멤버십 한 달 무료 사용], [회원가입] 버튼 등이 있습니다.

사용자의 다음 행동을 유도하는 외부 계기의 예시 (출처: 삼쩜삼)

SNS에 노출되는 자극적인 광고나 섬네일 이미지 등도 여기에 속합니다. 외부 계기의 목표는 사용자가 훅 모델의 사이클에 진입하는 것으로, 몇 차례 제품 · 서비스를 이용하게 만드는 것입니다. 그러면 사용자는 점차 외부 계기의 필요성이 줄어들고 내부 계기가 필요한 시점이 옵니다.

내부 계기는 사용자의 감정과 연관이 있습니다. 특히 따분함, 외로움, 불안함과 같은 부정적인 감정은 강력한 내부 계기를 생성할 수 있습니다. 틈날 때마다 SNS의 피드를 내리거나 유튜브, 넷플릭스의 이어 보기를 멈추지 못하는 이유 중 하나가 심심함이나 외로움 등의 감정을 이들이 해소해 주기 때문입니다. 내부 계기가 형성되면 외부 계기가 없어도 사용자 스스로 제품이나 서비스를 찾게 됩니다.

행동

계기가 충분히 형성되었다면, 다음은 **행동**action이 이루어져야 합니다. 사용자의 행동을 증가시키는 방법으로 니르 이얄은 "쉽고 단순하게 만들라."라고 조언합니다.

다음 화면은 1998년 '야후'의 랜딩 페이지와 같은 해 '구글'의 랜딩 페이지입니다. 요소가 많고 복잡한 야후와 달리 구글은 모든 요소를 최소화해 사용자가 '검색'이라는 행동에 집중할 수 있게 디자인했습니다. 구글의 랜딩 페이지는 20년이 지난 지금까지도 1998년의 모습과 거의 유사한 형태를 유지하고 있습니다.

야후(왼쪽)와 구글(오른쪽)의 초기 랜딩 페이지 비교

비교적 최근 사례로는 소셜 로그인, 소셜 공유, 간편 결제, 간편 송금 등을 들수 있습니다. 이제 디자인뿐만 아니라 과정까지 단순화한 거죠. 이들은 복잡한 절차를 줄이고 요구 사항을 간소화해 사용자 행동을 효과적으로 유도해 사업적으로도 좋은 성과를 거두었습니다.

가변적 보상

사용자의 행동까지 이끌어 냈다면 습관으로 가는 문턱에 들어섰다고 볼 수 있습니다. 하지만 아직 습관이 형성되기에는 부족합니다. 사용자를 정착시키기 위해선 장치가 더 필요한데, 그중 강력한 것이 바로 **가변적 보상**variable rewards입니다.

가변적 보상이란 예측할 수 없는 보상을 뜻합니다. 가변적 보상이 강력한 장치인 이유는 우리 뇌에 있습니다. 대뇌에는 보상 체계를 담당하는 측좌핵nucleus accumbens이 있습니다. 측좌핵이 내보내는 호르몬은 아주 강력해서 피곤할 때조차 이 호르몬이 나오면 정신이 맑아지고 흥분 상태에 이르게 되죠. 인간이 도박에 취약한 이유도 이 때문입니다. 도박을 할 때는 대뇌 측좌핵이 활성화되어 흥분 상태가 됩니다. 흥미롭게도 이길 것을 확실히 알고 있을 때는 이곳이 활성화되지 않습니다. 측좌핵은 보상 여부가 불확실한 상태에서 활성화되는 것입니다.

가변적 보상을 적용하면 사용자들의 행동 전환을 더 잘 일어나도록 유도할 수 있습니다. 금융 서비스에서는 '토스증권' 가입 시 제공하는 랜덤 주식 보상 등이 가변적 보상에 속합니다. 이 서비스들은 사용자에게 보상은 반드시 주되보상의 양에 가변 효과를 주어 흥미를 유발하죠. 보상 금액이 매우 적음에도 말이죠.

가변적 보상을 적용한 사례

이외에도 게임의 랜덤 상자나 SNS 또는 유튜브 알고리즘에 의해 추천되는 영상 등도 가변적 보상에 속합니다. 이렇듯 사용자 욕구를 충족시키는 가변적 보상 체계를 만들면 사용자들의 지속적인 참여를 유도할 수 있습니다.

투자

훅 모델의 마지막 단계는 **투자**investment입니다. **이케아 효과**IKEA effect라는 말을 들어 보았나요? 세계적 가구 기업 '이케아'는 대부분 고객이 직접 조립할 수 있는 가구를 저렴한 가격에 판매합니다. 그만큼 고객이 직접 시간과 노력을 투자해야 하고, 이는 고객이 가구에 특별한 애정을 쏟게 만듭니다. 이렇듯 자신이 시간과 노력을 투자한 것에 더 애정이 가는 현상을 이케아 효과라고 합니다.

제품·서비스에도 사용자가 시간과 노력을 들이면 사용자가 더 애정을 갖게 되고 이는 사용자로 하여금 재방문을 일으키는 요인이 됩니다. 대표적 사례로 채용 플랫폼 '링크드인'이 있습니다. 링크드인은 사용자가 커리어와 관련된 정보를 가능한 많이 입력하도록 독려하는데, 이는 사용자의 구직 활동에 필요한 데이터가 되기도 하지만, 많은 정보를 입력하기 위해 사용자가 시간과 노력을 투자할수록 링크드인에 대한 애정과 의존도가 높아지기 때문이죠. 중고 거래 플랫폼인 '당근'에서 거래할수록 쌓이는 온도와 활동 배지도 비슷한 사례입니다.

반대로 경쟁사에 사용자가 투자한 시간과 노력을 뺏는 것도 전략입니다. 노션은 경쟁사였던 에버노트나 원노트에 쌓인 글을 원클릭으로 노션에 옮길 수 있는 기능을 제공하여 초기 유저들을 확보했습니다. 이는 경쟁사에 사용자들이 투자한 시간과 노력을 무력화시키는 전략이라 할 수 있습니다.

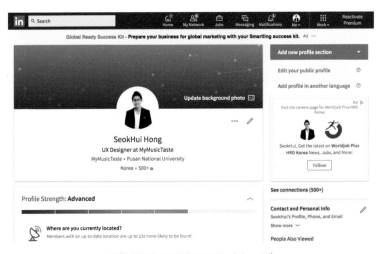

사용자의 정보 입력을 독려하는 '링크드인'

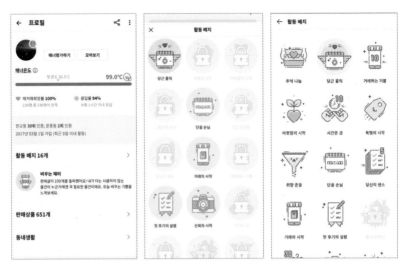

활동할수록 쌓이는 '당근'의 활동 배지

이처럼 사용자가 제품·서비스에 들이는 크고 작은 투자가 반복될수록 그 제품·서비스가 생활에서 차지하는 비중은 높아지고 의구심은 줄어듭니다.

나도 모르게 켜는 앱, 왜일까? - 훅 모델 정리하기

여러분이 매일 사용하는 제품이나 서비스를 한 가지 선정한 다음 이를 훅 모델(계기, 행동, 가변적 보상, 투자)에 대입해 정리해 보세요.

[훅 모델 정리 · 분석 예시]

서비스명: 틱톡(tiktok)

계기: 사용자는 유튜브, 인스타그램, 페이스북 등 여러 SNS로 바이럴된 틱톡 영상을 접하고 흥미를 느껴 가입하게 됨

행동: 진입 시점부터 스크롤을 내리기만 하면 짧은 바이럴 영상을 쉽게 탐색할 수 있고 흥미로운 영상에 좋아요나 팔로우를 하면 맞춤 영상이 추천됨. 또, 직접 영상을 만드는 것도 무척 간단함

가변적 보상: 콘텐츠를 소비하는 사용자 입장에서는 흥미로운 영상을 발견하는 것이 곧 가변적인 보상이며 영상을 만드는 크리에이터에게는 좋아요나 팔로워 수, 댓글 등이 가변적 보상으로 작용함

투자: 보상에 힘입어 사용자는 영상을 만들거나 다른 사용자들과 소통하고, 팔로워를 늘려 가면서 점점 틱톡에 더 많은 시간을 보내게 됨

8장

데이터와 논리로
무장하기

66 제품과 서비스를 개선하는 과정에서
사용자에게 주는 가치를 높이는 것뿐만 아니라
비즈니스의 성장도 꼭 고려해야 합니다. 99

_PM, 홍석희

8-1 정량 데이터로 제품 개선하기

과거에는 정량 데이터를 수집하기 위해 설문 조사를 주로 활용했지만, 최근에는 데이터 분석 도구의 발달로 사용자 행동 데이터를 비교적 짧은 시간에 수집하고 분석할 수 있게 되었죠. 덕분에 사용자의 행동 패턴을 수치로 수집하고 이 데이터를 기반으로 의사결정을 내리는 조직이 점점 늘게 되었습니다. 이에 따라 PM에게도 정량적인 데이터로 인사이트를 도출하는 역량이 필요해졌죠. 제품과 서비스를 올바른 방향으로 개선하기 위해 자주 사용하는 정량 데이터를 분석하는 방법론을 몇 가지 살펴보겠습니다.

A/B 테스트

A/B 테스트A/B testing는 2가지 이상의 시안을 검증할 때 많이 사용하는 방법입니다. 먼저 사용자를 실험군과 대조군으로 나누고 한 집단에는 A안을, 다른 집단에는 B안을 제시한 다음 사용자의 행동을 정량적으로 평가합니다. 가령 광고 시안의 클릭률, 상세 페이지의 구매 전환율 등을 비교 분석할 때 활용할 수 있습니다.

페이스북이나 인스타그램 등 규모가 큰 글로벌 서비스는 일부 사용자의 피드백만으로도 방향을 결정할 수 있어 국가별로 실험군과 대조군의 비율을 조정하거나 트래픽의 일부(1~10% 수준)에만 새로운 디자인을 제안해서 테스트하기도 합니다.

퍼널 분석

퍼널 분석funnel analysis은 사용자가 유입부터 최종 목적에 이르기까지의 과정을 몇 개의 주요 단계로 나누고 추적해 사용자가 이탈하는 원인이나 취약점 등을 분석하는 방법입니다.

사용자가 단계를 넘어가는 시점을 **전환**conversion이라고 표현하는데, 전환을 할 때마다 사용자의 이탈이 발생하면서 마지막 단계에 이를 때쯤엔 사용자의 수가 자연스럽게 줄어드는데요. 이 과정을 그림으로 표현하면 마치 깔때기와 같은 모양이라 퍼널 분석을 깔때기 분석이라고도 부릅니다. 예시로 전자상거래 서비스의 퍼널 분석을 그림으로 표현하면 다음과 같습니다.

Tip. 주요 단계를 진행하면서 전환이 이루어지는 비율을 '전환율'이라고 합니다.

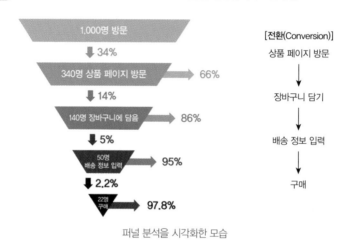

퍼널 분석을 시각화한 모습

이 퍼널 데이터를 바탕으로 **지속적 최적화**funnel optimization를 하는 것도 프로덕트 팀의 역할입니다. 각 퍼널별 데이터를 인구통계학적 정보, 유입 경로, 구매 패턴, 연결 행동 등 기준을 다양하게 쪼개어 분석하면 각 단계별 이탈의 원인을 좀 더 명확하게 조사해 볼 수 있습니다.

퍼널 분석을 할 때 주의할 점은 전환율을 높이는 데만 목표를 두면 안 된다는 것입니다. 가령 광고 클릭률이 낮다는 걸 발견하고 광고에 과장되고 자극적인 문구와 이미지를 사용하면 클릭률은 높아지겠지만, 그렇게 유입된 사용자의 구매 전환율이나 재방문율은 장기적으로 낮아질 수밖에 없습니다. 퍼널 분석 시 정량적인 측면만 고려하면 이런 부작용이 일어날 수 있으니 주의해야 합니다.

정량 데이터로는 사용자가 이탈한다는 사실은 알 수 있지만 왜 이탈하는지를 파악하기는 어렵습니다. 따라서 사용자 인터뷰, 관찰 등 정성적 리서치를 함께 활용하는 것이 좋습니다.

Tip. 정성적 리서치에 대한 자세한 내용은 '2-3 사용자의 니즈를 파악하는 리서치'를 참고하세요.

AARRR

AARRR은 미국의 액셀러레이터 '500 스타트업'의 설립자, 데이브 맥클루어 Dave Mcclure가 제안한 지표 분석으로, 전체 지표를 **사용자 유입**acquisition, **활성화** activation, **사용자 유지**retention, **매출**revenue 그리고 기존 사용자가 다른 사용자를 초대하는 **추천 및 공유**referral라는 5단계로 나눈 다음, 각 단계의 앞 글자를 따서 지어진 이름입니다.

Acquisition(사용자 유입)	사용자가 어떤 경로로 유입되었는가?	바이럴 마케팅, 방문자 수
Activation(활성화)	어떻게 회원가입이나 제품 사용이 이루어지는가?	로그인, 회원가입, 구독
Retention(사용자 유지)	한 번 이용해 본 사람이 계속 이용하는가?	이탈률, 재방문율, DAU, MAU
Revenue(매출)	사용자의 활동이 매출로 이어지는가?	ARPU(사용자당 평균 매출), 구매
Referral (추천 및 공유)	사용자들이 주변에 소개하는가?	초대 쿠폰, 바이럴 계수, 공유

AARRR

자원이 넉넉하지 않은 스타트업이라면 초기에는 활성화나 재방문에 집중하는 것이 좋고 그런 다음 획득, 추천 및 공유, 매출 순서로 우선순위를 두는 것이 좋습니다. 그렇다면 각 단계의 지표가 무엇을 뜻하고 무엇을 필요로 하는지 하나씩 살펴보겠습니다.

사용자 유입 – Acquition

수많은 기업이 자신의 제품·서비스를 알리기 위해 콘텐츠, 광고 등을 쏟아 내는 가운데 더 많은 고객을 확보하기 위해선 정량적 분석이 반드시 필요합니다. **사용자 유입**acquisition은 사람들이 어떤 채널을 통해 우리 제품·서비스를 인지했는지 그리고 어떻게 유입됐는지를 나타냅니다. 분석에 필요한 지표로는 유입 경로, 클릭률, 광고 소재별 성과 등이 있습니다. 이때 사용자 획득 비용보다 사용자가 제품·서비스를 사용하며 지불하는 총액이 더 많아야 건강한 지표라고 할 수 있습니다.

활성화 – Activiation

활성화activation는 사람들이 우리 제품·서비스를 이용하는 사용자가 되는 것을 의미합니다. 활성화되는 사용자들을 많이 확보하기 위해서 제품·서비스의 가치를 사용자에게 잘 전달하고 원활하게 사용할 수 있도록 가이드를 주어야 합니다.

예를 들어 '스포티파이'는 회원가입 시에 사용자에게 좋아하는 아티스트를 묻고 적합한 음악을 추천해 줄 것이란 것을 알려 주고, '유튜브'의 경우 회원가입을 하지 않아도 동영상 콘텐츠를 검색하고 시청할 수 있어 어떤 플랫폼인지에 대한 경험을 빠르게 시켜 줍니다. 이렇게 제품·서비스를 사용자가 처음 접했을 때의 경험을 온보딩 프로세스on-boarding process라고 합니다.

온보딩

온보딩on-boarding은 무언가를 처음 시작하는 사람이 필요한 지식, 기술 등을 습득하는 것을 뜻합니다. 제품·서비스에서는 사용자가 제품이나 서비스를 처음 사용하면서 어떤 제품·서비스인지 경험하는 것을 뜻하며 그 과정을 온보딩 프로세스라고도 합니다.

사용자가 처음 진입했을 때 우리 제품·서비스의 가치를 얼마나 잘 전달하느냐가 이탈률에 결정적 역할을 합니다. 그래서 많은 서비스가 온보딩 프로세스에 큰 노력을 기울이죠. 패션 커머스 플랫폼 '에이블리'에서는 회원가입을 하지 않아도 검색 및 찜하기 기능 등으로 이 앱이 어떤 앱이고 어떤 경험을 제공하는지 알 수 있게 구성했습니다. 이렇게 찜하기까지 이루어진 다음에야 '회원가입을 하시면 나만의 서랍을 만드실 수 있어요!'라는 문구로 회원가입을 유도합니다.

사용자에게 서비스가 제공하는 가치를 알려 주는 온보딩 프로세스 (출처: 스포티파이, 에이블리)

리텐션 – Retention

리텐션retention은 '유지'라는 뜻으로 말 그대로 한 번 유입된 사용자가 제품·서비스를 시간이 지나도 활성화된 상태로 얼마나 남아 있는지를 나타내는 지표입니다. 재방문율은 비즈니스 성과와 직결되는 무척 중요한 요소로, 실제 리텐션이 5% 증가하면 기업 이익은 25~95%까지 증가한다는 연구 결과도 있습니다.

재방문자는 신규 방문자보다 구매를 할 확률이 더 높을 뿐만 아니라 신규 사용자를 유치할 때에 비해 광고 비용도 적게 들기 때문에 재방문율을 지속적으로 모니터링해야 합니다. 재방문이 유지된다는 것은 충성 고객이 있다는 뜻입니다. 실무에서는 높은 재방문율을 유지하는 것을 프로덕트 마켓 핏product-market fit을 찾은 하나의 신호로 보기도 합니다.

> 💡**Tip.** '재방문율'의 반대 개념은 '이탈률'입니다. 이탈은 말 그대로 고객이 사용을 중단한다는 뜻입니다.

> 💡**용어 사전** **프로덕트 마켓 핏**
> **프로덕트 마켓 핏**product-market fit이란, 제품이나 서비스가 사용자의 불편한 지점을 해결하는 것은 물론이고 사용자가 비용을 지불할 의사까지 충족시킨 지점 또는 정도를 뜻합니다.

앱 마켓의 평균 통계를 보면 사용자 중 대부분이 앱을 설치한 지 3~7일 내에 재방문을 하지 않고, 30일이 지나면 활성화되지 않는 사용자의 수가 90%에 달합니다. 즉, 대부분 앱이 30일 만에 90%에 달하는 일일 활성 사용자daily active user를 잃는 거죠. 다음 그래프를 보면 방문한 지 1~3일 내에 한 번이라도 재방문한 사용자의 비율이 높을수록 그래프의 세로축이 높게 형성되는 것을 볼 수 있습니다. 즉, 사용자 여정의 초기에 재방문을 유도하는 것이 사용자 활성화 유지율을 높이는 데 도움이 된다는 것을 알 수 있습니다.

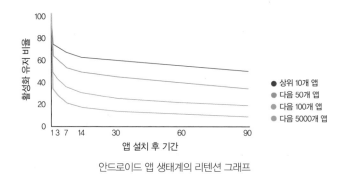

안드로이드 앱 생태계의 리텐션 그래프

또한, 사용자 행동 데이터를 살펴보면서 리텐션이 높은 집단은 어떤 특징을 가지고 있는지 분석하는 것도 좋은 전략입니다. 예를 들어 '엑스(구 트위터)'에서는 계정을 30개 이상 팔로우하는 사용자들은 엑스를 계속해서 방문한다는 사실을 알아냈습니다. 이후 엑스에서는 신규 사용자들에게 30개 이상 계정을 팔로우하도록 다양한 실험을 통해서 유도하였습니다.

매출 – Revenue

매출revenue은 사용자의 활동이 얼마나 매출로 이어지는지를 나타내는 지표입니다. 제품 판매 수익, 유료 멤버십 플랜으로 전환한 사용자 수와 같은 데이터로 측정할 수 있습니다. 웹/앱 서비스에서는 이 지표들을 활용해 사용자 1인당 평균 결제 금액인 **ARPU**average revenue per user와 결제한 사용자 1인당 평균 결제 금액인 **ARPPU**average revenue per paying user를 계산합니다.

$$\text{ARPU} = \frac{\text{총 매출}}{\text{사용자 수}} \qquad \text{ARPPU} = \frac{\text{총 매출}}{\text{결제한 사용자의 수}}$$

ARPU는 한 명의 사용자가 얼마만큼의 가치를 내고 있는지를 측정하는 지표가 되고 ARPPU는 결제한 사용자 한 명이 얼마만큼의 평균 매출을 내고 있는지를 측정하는 지표가 됩니다.

추천 및 공유 - Referral

추천 및 공유^{referral}는 사용자가 다른 사람에게 해당 제품·서비스를 추천하는 것을 뜻합니다. 추천과 공유가 이루어지면 자연스럽게 유입 사용자가 늘게 되죠. 이를 추적할 수 있는 데이터로는 SNS 공유 수, 바이럴 계수 등이 있습니다. 이 단계가 잘 이루어지면 비용 대비 효율적 비용으로 사용자를 유치할 수 있어 많은 제품·서비스가 친구 초대 이벤트, SNS에 공유 이벤트 등을 진행하기도 합니다.

하지만 이때 주의해야 할 점은 억지스러운 인상을 주어서는 안 된다는 것입니다. 억지스럽다는 것은 맥락과 관계 없이 무분별한 공유 및 추천을 하는 방식으로, 이는 확산으로 이어지기 어렵습니다. 또, 바이럴을 고민하기 전에 우리 제품·서비스가 사용자들이 자발적으로 주변에 입소문을 낼 정도로 충분한 가치를 주고 있는지를 먼저 고민해야 합니다. 제공하는 가치가 명확하지 않거나 실제보다 과장되어 있다면 바이럴이 성공적이어도 오래가지 못하며 오히려 부정적 결과를 가져올 수 있습니다.

아하 모먼트 찾기

사용자가 제품·서비스의 가치를 깨닫고 '와 이거 너무 좋은데! 쓸 만하네!'라는 반응을 보이는 순간을 **아하 모먼트**^{aha moment}라고 합니다. 아하 모먼트를 느끼는 사용자가 많을수록 활성화, 재방문율 등 여러 지표가 올라가고 자연스럽게 성장 곡선을 타게 됩니다.

아하 모먼트와 상관관계가 가장 높은 지표는 리텐션입니다. 대표적인 예로, '페이스북'은 회원가입 후 일주일 안에 10명의 친구를 추가하는 사용자들이 지속적으로 방문할 확률이 높다는 것을 발견했습니다. 아하 모먼트를 발견한 거죠. 만약 여러분이 이 지표를 발견한 PM은 어떤 실험을 할 수 있을까요? 가입 후 친구를 더 많이 추가할 수 있도록 주소록과 연동하는 기능을 추가하거나 팔로우할 만한 친구를 추천하는 등 여러 실험을 통해 지표를 올릴 수 있을 것입니다.

비슷한 예로 '엑스'에서는 가입 후 계정 30개 이상 팔로우하기, 화상 회의 서비스 '줌'은 1주일 안에 1회 이상 회의 호스팅하기와 같은 아하 모먼트를 발견했고 이 행동들을 신규 사용자들이 수행하도록 유도해서 재방문율을 높였죠.

기획을 할 때는 제품·서비스가 제공하는 핵심 가치를 통해 '아하 모먼트'를 빠르게 느끼게 하거나 자주 느낄 수 있도록 설계하면 재방문율을 높일 수 있습니다.

◁» Mission **퍼널 & AARRR로 사용자 분석하기**

템플릿 : 퍼널 분석

여러분의 제품·서비스 또는 자주 쓰는 서비스의 퍼널 분석을 실습해 보세요. 먼저 서비스의 시작부터 목적까지 주요 단계를 나누고 각 단계에 사용자 수가 얼마나 되는지를 작성하면서 퍼센티지(%)를 구해 보세요. 또는 퍼널의 주요 단계를 AARRR을 기준으로 나눈 다음 퍼널을 작성해도 좋습니다.

퍼널

사용자가 어떤 경로로 유입되었는가?

어떻게 회원가입이나 제품 사용이 이루어지는가?

한 번 이용해 본 사람이 계속 이용하는가?

사용자의 활동이 매출로 이어지는가?

사용자들이 주변에 소개하는가?

퍼널 분석 템플릿

8-2 데이터 중심으로 사고하기

현대 경영학의 대가, 피터 드러커Peter Drucker는 "측정할 수 없다면 관리할 수 없다."라는 말을 남겼습니다. 그만큼 측정할 수 있는 값, 즉 데이터의 영향력이 크다는 뜻인데요. 이젠 직종을 가리지 않고 많은 업무에서 문제를 발견하기 위해 데이터를 활용하게 되었습니다.

과거에는 데이터란 전문 분석가 또는 특정 직무 담당자만 다룰 수 있는 도구였지만, 최근에는 PM은 물론 마케터와 디자이너도 데이터 분석을 할 줄 알아야 하고 데이터를 기반으로 사고하는 것이 역량이 되었습니다. 그만큼 사용자의 경험을 개선하는 데도 데이터의 역할이 무척 중요해졌기 때문인데요. 이번에는 데이터를 중심으로 사고하고 또 의사결정하는 방법을 살펴보겠습니다.

방향성과 우선순위를 잡아 주는 '지표'

데이터에 기반해 의사결정을 하기 위해선 몇 가지 도구가 필요한데요. 대표적인 도구가 **가설**과 **지표**입니다. 가설이란 '어떤 문제나 사안에 대해 가지고 있는 예측'을 뜻하고 지표는 '성과, 상태를 측정해 수치화한 것'을 뜻합니다. 특히 지표는 가설을 검증하고 개선 방향을 정하는 도구로, 중요한 지표들은 조직에서 지속적으로 모니터링하면서 관리하죠. 또, 지표의 종류도 무척 다양합니다. 중요한 도구인 만큼 지표에도 좋은 지표와 나쁜 지표가 있는데요. 그렇다면 좋은 지표란 무엇일까요? 좋은 지표는 크게 3가지 특징이 있습니다.

첫째, 좋은 지표는 상대적입니다. 예를 들어, '지난주보다 전환율이 10% 증가했다.'라는 데이터가 '지난주보다 신규 회원이 100명 증가했다.'라는 절대적 데이터보다 좋은 지표입니다. 데이터를 기간별, 사용자 그룹별로 비교할 수 있으면 상황의 변화를 이해하고 가설을 세우기가 훨씬 수월하기 때문이죠.

둘째, 좋은 지표는 이해하기 쉽습니다. 지표는 제품·서비스의 개선 방향을 논의할 때 주요하게 사용하는 도구입니다. 따라서 구성원 모두가 이해할 수 있어야 의사결정도 빨라지고 커뮤니케이션도 원활합니다.

셋째, 좋은 지표는 제품·서비스의 방향성과 우선순위를 결정하는 데 도움이 됩니다. 최대한 많은 인사이트를 얻으려면 모든 데이터를 추적해야 한다고 생각하기 쉽지만, 이는 생각보다 시간과 노력이 많이 드는 일입니다. 오히려 수가 적더라도 꼭 필요한 지표를 잘 관리하는 것이 자원을 효율적으로 활용하는 방법이죠.

비즈니스에 따른 주요 지표의 차이

제품·서비스의 목표가 무엇인지, 누가 사용하는지에 따라 지표의 우선순위도 조금씩 달라집니다. 예를 들어 '페이스북'이나 '인스타그램' 같은 SNS에선 일일 활성 사용자 수인 DAU[daily active users], 즉 하루에 방문하는 활성 사용자의 수가 중요 지표입니다. 사용자가 관계를 맺은 팔로워들과 콘텐츠를 계속해서 소비하는 플랫폼인만큼 사용자가 자주 그리고 오래 머무르는 것이 중요하죠. 매일 방문하진 않지만 필요할 때마다 이용하는 서비스라면 DAU보다 주간 활성 사용자 수인 WAU[weekly active users]나 월간 활성 사용자 수인 MAU[monthly active users]가 중요 지표가 됩니다. 예를 들어 빨래 서비스인 '런드리고'나 청소 플랫폼인 '청소연구소'는 사용자가 매일 방문하거나 비용을 지불하지 않습니다. 이런 서비스엔 WAU나 MAU가 유의미한 지표가 됩니다.

예약률   DAU(일간 활성 유저)

총 가입자 수   매물 수

제품 · 서비스마다 다른 주요 지표

'에어비앤비'와 같은 숙박 플랫폼은 사용자 대비 예약률이 중요합니다. 이런 서비스에선 활성도가 높은 사용자도 1년에 여행을 하는 횟수가 제한적일 수 있기 때문에 활성 사용자 수보다 예약률이 훨씬 중요한 지표가 되죠. 그렇다면 구인 구직 플랫폼은 어떨까요? '링크드인'의 경우 총 가입자 수가 중요 지표가 됩니다. 사용자 수가 많을수록 주 유료 고객인 헤드헌터들에게 큰 가치를 주기 때문에 총 가입자 수가 가지는 의미가 남다를 수밖에 없습니다. '이베이'와 같은 전자상거래 플랫폼의 중요 지표는 등록된 판매 제품의 수입니다. 플랫폼에 매물이 많을수록 더 많은 잠재 고객이 구매하고자 하는 물건을 찾을 수 있기 때문입니다.

가장 중요한 한 가지 지표, NSM

NSMnorth star metric, 일명 북극성 지표는 서비스에서 가장 중요한 한 가지 지표를 뜻합니다. 이 지표를 기준으로 방향성을 결정할 만큼 중요하기 때문에 북극성이라는 명칭을 갖게 되었죠. 자원이 제한된 상황에서 여러 가지 목표를 추구하다 보면 우선순위를 잃기 쉽습니다. 이때 가장 중요한 지표 하나에만 역량을 집중하자는 것이 NSM의 목표입니다. 그 덕분에 의사결정이 빨라질 뿐만 아니라 무계획적이고 무차별적인 데이터 트래킹과 분석에 낭비되는 자원을 효율적으로 절감할 수 있습니다.

NSM을 기반으로 시장에 자리잡은 서비스의 대표적 예로 '스포티파이'를 들 수 있습니다. 스포티파이에서 잡은 NSM은 '총 스트리밍 시간'이었습니다. 이 지표를 높이기 위해 추천, 플레이리스트 등 여러 기능을 개선하고 사용자가 음악을 재생한 시간이나 재방문율 등의 다른 지표를 같이 개선했습니다. 기획, 디자인, 개발 등 여러 부서가 '총 스트리밍 시간'이라는 NSM을 높이는 데 모두 집중한 거죠.

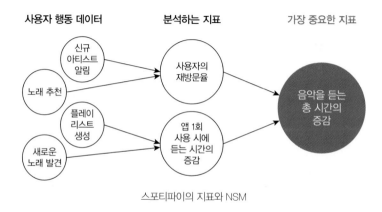

스포티파이의 지표와 NSM

이처럼 NSM은 하나의 목표를 통해 여러 부서가 협력하는 도구가 될 수 있으므로 반드시 모든 구성원이 동의할 수 있는 NSM을 설정해 공유하는 것이 중요합니다.

데이터 기반 개선을 위한 3단계

A/B 테스트, 퍼널 분석, AARRR 등 모든 데이터 분석 도구에는 한 가지 공통점이 있습니다. 바로 데이터를 쪼개서 살펴본다는 것입니다. 전체 데이터를

놓고 보면 잘 드러나지 않던 문제점들이 쪼개진 상태에서는 발견되는 경우가 많습니다.

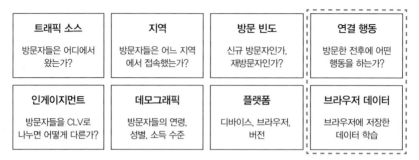

트래픽 소스	지역	방문 빈도	연결 행동
방문자들은 어디에서 왔는가?	방문자들은 어느 지역에서 접속했는가?	신규 방문자인가, 재방문자인가?	방문한 전후에 어떤 행동을 하는가?
인게이지먼트	데모그래픽	플랫폼	브라우저 데이터
방문자들을 CLV로 나누면 어떻게 다른가?	방문자들의 연령, 성별, 소득 수준	디바이스, 브라우저, 버전	브라우저에 저장한 데이터 학습

데이터를 쪼개 보는 다양한 기준

앞서 데이터에 기반한 의사결정을 위해 가설과 지표를 살펴봤다면 이번엔 좀 더 세부적인 데이터를 기반으로 제품·서비스를 개선하는 과정 **가설 → 실험 → 검증** 3단계를 다뤄 보겠습니다.

먼저 가설이란 '어떤 문제나 사안에 대한 예측'이라고 언급했는데요. 데이터 기반 개선에서 가설은 '특정 기능이나 디자인을 개선하면 지표가 어떤 식으로 개선될지에 대한 예측'으로, 조금 더 구체적이고 목표를 이루기 위한 수단에 가깝습니다. 가설을 세우기 위한 문장은 다음과 같습니다.

- a를 b하면 c가 될 것이다.

예를 들어, '포토 후기를 본 사용자들은 장바구니에 담는 전환율이 높으므로 상세 페이지(a)에서 포토 후기를 가장 상단에 보여 주면(b) 전환율이 올라갈 것이다(c).'와 같은 식으로 가설을 세울 수 있습니다.

두 번째 단계는 가설을 검증하기 위해 현재 상태를 개선했을 때 목표한 지표가 어떻게 변하는지를 실험하는 단계입니다. 이때 A/B 테스트로 실험군과 대조군의 데이터를 비교하여 가설을 검증할 수 있습니다.

마지막으로 실험을 통해 데이터가 수집되었다면 가설이 맞았는지, 목표 지표는 달성했는지 등을 검증하고 이를 바탕으로 구성원이 회고하는 검증 과정을 거칩니다. 목표를 달성했다면 어떻게 더 발전시켜 나갈 것인지, 기대치에 못 미치는 결과가 나왔다면 어떤 점이 문제였는지, 또 다음 실험에서는 가설을 어떻게 수정할지를 논의합니다.

이렇게 가설을 세우고 실험하고 검증하는 과정에는 상당히 많은 자원이 필요하므로 이를 효율적으로 활용하는 것이 중요합니다. 그러기 위해선 각 부서가 자신의 역할을 인지하고 제대로 수행하는 것이 우선입니다. 일반적으로는 프로덕트 매니저나 프로덕트 오너가 목표와 가설을 설정하고 디자이너, 개발자들과 협업해서 실험을 통한 가설 검증을 진행합니다. 이 과정에서 제품·서비스가 점차 발전하게 되죠.

이때 중요한 것은 어떤 데이터를 분석할 것이고 그 결과로 어떤 의사결정을 내리느냐는 것입니다. 따라서 프로젝트 혹은 실험을 진행하기 전에 다음 4개의 질문을 던지고 미리 논의를 하면 프로젝트를 진행하는 데 큰 도움이 됩니다.

- 프로젝트의 목표는 무엇인가?
- 가설은 무엇인가?
- 무엇을 개선하려고 하는가?
- 어떻게 검증할 것인가?

탄탄한 논리를 갖추고 흐트러지지 않는 방향성을 가지려면 프로젝트 시작 전, 늘 이 질문을 던지고 답을 찾아 나가야 합니다. 그러면 사용자를 더 깊게 이해할 뿐만 아니라 프로젝트가 잘못된 방향으로 흘러가지 않도록 논리를 잡아 주는 이정표가 될 것입니다.

데이터 분석 도구

데이터를 기반으로 의사결정을 하기 위해선 추출한 데이터에서 인사이트를 얻는 능력도 중요하지만, 이 데이터를 관리하고 꾸준히 기록하는 것도 중요합니다. 그러기 위해선 여러 데이터 분석 도구의 도움이 필요한데요. 대표적으로 '구글 애널리틱스 4', '앰플리튜드', '믹스패널' 등이 있습니다. 각 도구의 장단점과 목표가 다르므로 데이터를 수집하는 과정과 분석하는 목적에 따라 적합한 도구를 사용해야 합니다. 실무에선 어떤 도구가 어떻게 쓰이는지 하나씩 살펴보겠습니다.

> **? 궁금해요** **분석에 사용하는 데이터는 어떻게 수집하나요?**
>
> 데이터는 크게 데이터베이스에 저장하는 '내부 데이터'와 외부 서비스에 심은 추적 코드로 추적하는 '외부 데이터'로 구분할 수 있습니다. 내부 데이터란, 사용자가 특정 행동을 할 때 내부 데이터베이스에 쌓이는 데이터를 의미하는데요. 가장 정확한 데이터라고도 할 수 있습니다. 이 데이터들을 잘 관리하려면 개발 단계에서 데이터베이스를 잘 설계해야 할 뿐만 아니라 기획 단계에선 어떤 데이터를 내부 데이터로 쌓을지 심도 있게 논의해야 합니다.
>
> 분석 도구를 활용한 데이터는 대부분 외부 데이터에 속합니다. 외부 데이터는 제품·서비스에 외부 분석 도구로 데이터를 보낼 수 있는 코드를 삽입해 구글 애널리틱스나 믹스패널과 같은 분석 도구로 사용자들의 행동 데이터를 확인할 수 있습니다. 외부 분석 도구를 활용하면 광고별 구매 전환율이나 재방문율이 높은 사용자의 행동 패턴 등을 찾는 데 효과적입니다. 외부 데이터 역시 사전에 어떤 사용자 데이터를 분석해야 하는지 정의하고 거기에 필요한 데이터를 빠짐없이 추적하는지 확인하는 작업이 무척 중요합니다.

구글 애널리틱스 4

구글 애널리틱스 4는 전 세계에서 가장 많이 사용하는 무료 데이터 분석 도구로, 방문자의 데이터를 수집하는 것은 물론이고 대시보드를 통해 시각적으로 볼 수 있는 서비스를 제공합니다. 방문자별 유입 채널, 국가별 분포, 기기 사용도와 같은 간단한 통계뿐만 아니라 경로별 유입률과 전환율 등을 설정하여 분석할 수 있습니다.

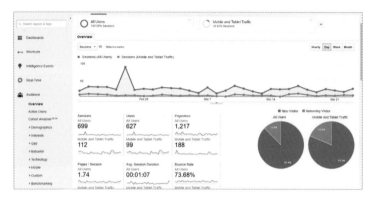

구글 애널리틱스 4의 대시보드

전문가가 아니어도 누구나 쉽게 사용할 수 있도록 충분한 가이드는 물론이고 구글 애널리틱스 유튜브 채널에서(youtube.com/googleanalytics) 다양한 온라인 강의도 제공하고 있습니다.

뷰저블과 크레이지에그

뷰저블beusable은 사용자가 서비스를 이용할 때 화면에서 어떤 행동 패턴을 보이는지 기록하는 도구입니다. 클릭, 스크롤, 스와이프 등 사용자가 서비스에서 하는 행동들을 정량 데이터로 수집해 히트맵이라는 시각적인 도구로 표현하는데, 웹 페이지에서 사용자 행동 경향을 볼 수 있는 무척 유용한 도구입니다.

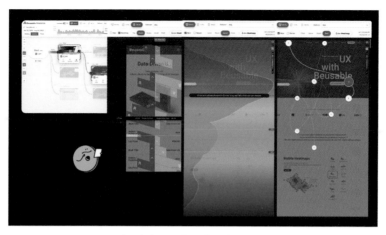

'뷰저블'로 분석한 사용자 행동 패턴

크레이지에그^{crazy egg}는 뷰저블과 마찬가지로 웹 페이지 내 사용자의 행동 패턴을 분석해 주는 도구입니다. 크레이지에그는 사용자별 유입 경로, 접속 지역 등을 구별하는 컨페티라는 기능이 특징입니다. 이 기능을 통해서 서로 다른 채널에서 유입된 사용자들이 어떤 화면에서 오래 머무는지 비교하며 유입 채널별 사용자의 니즈를 좀 더 명확하게 분석할 수 있습니다.

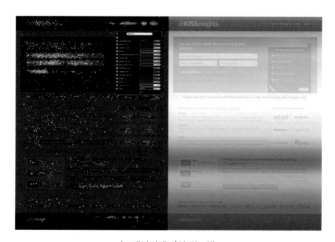

'크레이지에그'의 히트맵

뷰저블과 크리이지에그는 랜딩페이지나 상세 페이지에서의 사용자 행동을 분석하는 데 유용합니다.

VWO

VWO는 최근 각광받는 A/B 테스트 도구입니다. 복잡한 코딩 없이 빠르게 페이지를 수정하는 것은 물론이고 테스트와 리포트까지 쉽게 뽑을 수 있다는 장점이 있습니다.

이외에도 Optimizely(옵티마이즐리), Unbounce(언바운스) 그리고 국내 서비스인 Hackle(핵클) 등 다양한 A/B 테스트 도구가 있으니 도구마다 어떤 피처를 제공하는지 확인해 보세요.

A/B 테스트 도구 'VWO'

앰플리튜드와 믹스패널

앰플리튜드amplitude와 **믹스패널**mixpanel은 최근 몇 년간 스타트업에서 가장 많이 사용하고 있는 행동 분석 솔루션입니다. 사용자의 행동 데이터를 분석하기에 가장 적합하고, 비즈니스 성장에 필요한 대시보드를 맞춤으로 생성하여 중요한 지표를 지속적으로 추적할 수 있습니다. 특히 재방문을 하는 사용자들이 어떤 행동 특징을 갖고 있는지 분석하기에 유용합니다. 특히 최근 스타트업에서는 믹스패널을 활발하게 사용하는 추세입니다.

'앰플리튜드'(왼쪽)와 '믹스패널'(왼쪽)의 대시보드

SQL

SQLstructured query language은 내부 데이터를 가공 · 추출하고 데이터 저장 공간을 제어하기 위한 쿼리 언어(질의 언어)입니다. SQL을 이용하면 실무자들이 내부 데이터를 지속적으로 모니터링하면서 주요 지표를 점검할 수 있고, 외부 분석 툴로는 추적이 어려운 정교한 조건의 데이터를 확인할 수 있어 많은 회사에서 사용하고 있습니다.

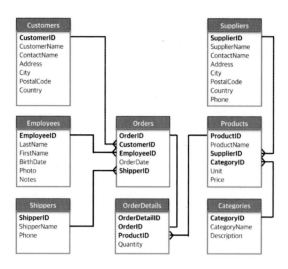

내부 데이터에 접근하여 데이터를 조회하고 분석 가능한 SQL

단, 앞서 소개한 도구들과 달리 데이터에 직접 접근해야 하는데다 SQL이 프로그래밍 언어에 속하기 때문에 데이터와 데이터베이스에 대한 개념은 물론 SQL 문법 등 학습해야 할 것이 비교적 많습니다. 그러나 실무에서 활용도도 높고 무엇보다 사용자들의 정보와 입력값들은 어떤 형태로 관리하는지 내부 데이터 구조에 대한 이해도를 높일 수 있어 학습해 두는 것을 추천합니다.

Tip. 코드아카데미(codecademy.com), 데이터캠프(datacamp.com)와 같은 온라인 강의 서비스를 이용하면 별도의 설치 없이 튜토리얼을 따라 쉽게 SQL을 배울 수 있습니다.

사용자의 행동을 분석하고 지표를 개선하는 것은 끝없는 가설 검증의 과정이기도 합니다. 제품의 지표 성장은 시도하는 실험의 양이 결정한다는 통계도 있습니다. 실무에서는 한 번의 실험으로는 유의미한 결과를 얻지 못하는 경우가 흔하니 결과가 나오지 않아도 실망하기보다 논리적인 근거를 바탕으로 지속적으로 실험을 설계해 보기 바랍니다.

8-3 데이터로 지표를 개선한 기업들

최근 데이터를 기반으로 의사결정을 내리는 **데이터 주도**data-driven 문화를 도입한 조직이 점점 많아지고 있습니다. 지금까지 데이터로 의사결정을 내리는 데 필요한 도구부터 방법 그리고 데이터 분석 도구까지 살펴봤으니 이번에는 데이터 주도 문화로 사용자에게 더 나은 경험을 제공하고 비즈니스 지표를 개선한 기업들의 사례를 함께 살펴보겠습니다.

예약률을 높인 사진 한 장 – 에어비앤비

숙박 플랫폼 '에어비앤비'는 비즈니스 지표 개선을 위해 '전문 작가가 찍은 숙소 사진을 제공하면 예약이 증가할 것'이라는 가설을 세우고 이를 토대로 검증을 진행했습니다.

- **가설**: 숙소 사진을 전문 작가가 촬영하면 예약이 증가할 것이다.

약 20명의 사진 작가에게 숙소 촬영을 의뢰했고 호스트(집 주인)의 요청을 받은 숙소를 촬영해 숙소 정보에 게시했습니다. 그 결과 전문 작가가 촬영한 사진을 업로드한 숙소들의 예약률이 증가하는 것을 확인할 수 있었습니다. 실제 지표가 상승하는 것으로 검증을 마친 에어비앤비는 이제 '촬영 횟수'라는 지표를 늘리는 데 집중하기 시작했습니다. 그렇게 2012년 2월 기준, 매달 5,000개가 넘는 숙소 사진을 전문 작가가 촬영한 사진으로 제공했고 이를 통해 주요 지표인 예약률을 크게 성장시킬 수 있었습니다.

전문가의 사진으로 예약률을 높인 '에어비앤비' (출처: 360virtualtour.co/airbnb-photographer)

사용자의 OS가 곧 지표 – 오르비츠

여행 플랫폼 '오르비츠'는 윈도우 사용자보다 맥북이나 아이폰 사용자가 더 비싼 호텔 방을 예약하는 경향이 있다는 사실을 발견했습니다. 4성급 이상 호텔을 예약하는 비율이 타 운영체제 사용자들에 비해 무려 40%나 높았죠. 이 데이터를 기반으로 오르비츠 팀은 다음과 같은 가설을 세웠습니다.

- **가설**: 맥북 & 아이폰 사용자는 고급 객실을 예약할 확률이 높다.

이 가설을 검증하기 위해 사파리 브라우저(애플의 웹 브라우저)에서 접속한 사용자를 대상으로 리타기팅 광고를 게시하였고 지표를 높여 가설을 검증했습니다.

사용자의 브라우저별로 리타기팅 광고를 한 '오르비츠'

💡용어 사전 **리타기팅**

리타기팅retargeting이란 웹사이트에 이미 방문했던 소비자를 대상으로 노출되는 광고를 의미합니다.

90초 안에 클릭을 부르는 섬네일 – 넷플릭스

'넷플릭스'는 전 세계 수억 명이 넘는 사용자를 보유한 온라인 스트리밍 서비스입니다. 지금 이 순간에도 엄청난 양의 영화, 드라마, 자체 제작한 콘텐츠가 소비되고 있죠. 평범한 DVD 회사였던 '넷플릭스'가 글로벌 서비스로 입지를 다질 수 있었던 비결은 **데이터 기반 콘텐츠 추천 시스템**이었습니다.

넷플릭스의 랜딩 페이지는 사용자마다 다르게 나오는데, 이는 사용자의 데이터를 기반으로 취향에 맞는 콘텐츠를 추천하기 때문입니다. 즉, 같은 서비스를 이용해도 자신의 취향에 맞게 랜딩 페이지가 꾸며지는 거죠.

데이터에 기반한 사용자 맞춤 콘텐츠 추천 시스템

넷플릭스 리서치 팀의 조사에 따르면 사용자의 이탈을 방지하기 위해서는 랜딩 페이지에서 90초 안에 클릭을 유도하는 콘텐츠를 보여 주는 것이 중요하다고 합니다. 이때 가장 효과적인 방법은 이미지를 활용하는 것입니다. 넷플릭스는 하나의 콘텐츠에도 다양한 버전의 섬네일을 노출하고 전환 효율이 높은 이미지들의 패턴을 분석합니다.

Cells	Cell 1 (Control)	Cell 2	Cell 3
Box Art	Default artwork	14% better take rate	6% better take rate

A/B 테스트를 통해 클릭률이 높은 섬네일 선별 (출처: netflixtechblog.com)

글로벌 서비스답게 여러 나라에 콘텐츠를 제공하는 만큼 국가별 클릭률도 중요합니다. 섬네일에 따라 국가별 클릭률이 다르기 때문에 자동화한 A/B 테스트 시스템을 이용해 가장 효율이 높은 섬네일로 최적화됩니다.

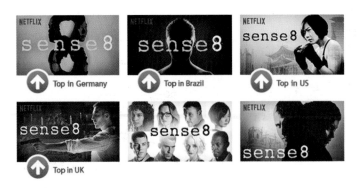

넷플릭스 시리즈 〈Sense8〉의 국가별 섬네일 (출처: netflixtechblog.com)

사용자의 참여를 부르는 추천 시스템 – 마이뮤직테이스트

데이터 기반 공연 제작 플랫폼 '마이뮤직테이스트'는 사용자의 공연 요청을 받아 공연을 개최하는 것이 목표이므로 '사용자의 공연 요청 데이터'가 중요 지표가 됩니다. 문제는 대부분의 사용자가 공연 요청을 하나만 하고 이탈하는 것이었습니다.

공연 요청 – 수요 분석 – 공연

이에 마이뮤직테이스트 팀은 지표 개선을 위해 2가지 가설을 세웠습니다.

- **가설 1**: 사용자는 하나 이상의 공연에 대한 수요가 있을 것이다.
- **가설 2**: 첫 번째 공연 요청 후 사용자의 취향에 맞는 공연을 추천해 주면 추가 공연 요청을 할 것이다.

이 가설을 검증하기 위해 공연 추천 시스템을 개발해 사용자 A가 한 아티스트의 뉴욕 콘서트를 요청하면 이 콘서트를 이미 요청한 다른 유저들이 추가로 요청한 공연들 중 A가 구매할 확률이 높은 공연을 추천해 주었습니다. 실험 후 공연을 2개 이상 요청한 사용자의 수가 크게 증가하는 결과를 확인해 가설을 검증할 수 있었죠. 해당 실험의 설계를 문서화하면 다음과 같습니다.

1. **문제**: 공연 첫 요청 완료 후 이어지는 플로가 없어 놓치는 요청 데이터가 존재
2. **가설**: 사용자의 공연 요청 데이터를 바탕으로 다른 공연을 추천해 주면 공연 요청 데이터가 증가할 것이다.
3. **목표**: 추천 로직을 적용하여 공연 요청 수 전분기 대비 200% 달성
4. **대조군**: 추천 로직을 적용하지 않은 현재 상태
5. **실험군**: 추천 로직에 따라 사용자가 특정 공연을 요청했을 때 다른 공연들을 추천
6. **실험 결과**: 결과 데이터(해당 실험에서는 공연 요청 수의 증가 및 공연 요청 수가 2개 이상인 사용자 수가 대조군 대비 높게 나타남)

이러한 실험 아이디어가 여러 개 있을 때 어떻게 하면 우선순위를 잘 세우고 지표 성장을 효과적으로 이끌어 낼 수 있을까요? 이때 유용한 도구인 **ICE 프레임워크**를 소개하겠습니다.

ICE 프레임워크는 프로덕트 팀이 특정 피처나 실험의 우선순위를 결정할 때 사용하는 도구 중 하나입니다. ICE는 Impact(영향력), Confidence(신뢰도), Ease(용이성)이라는 3가지 요소의 첫 글자를 따서 만든 약자로, 각 요소에 대한 설명은 다음과 같습니다:

1. **Impact**(영향력): 해당 실험 또는 기능 변경이 성공할 경우, 프로덕트나 사용자에게 가져다줄 전체적인 영향 또는 효과를 평가합니다. 이는 매출 증가, 사용자 활동 증가, 사용자 만족도 향상 등 다양한 지표로 측정될 수 있습니다. 실무에서는 중요 지표가 2배 이상 오를 것으로 예상될 때 I 점수를 10점, 아무 반응도 없을 것으로 예상 될 때 0점으로 Impact 점수를 매깁니다.

2. **Confidence**(신뢰도): 실험 또는 기능 변경의 성공 가능성에 대한 자신감을 나타냅니다. 이는 과거 데이터, 경쟁사 분석, 초기 사용자 피드백 등의 근거로 결정될 수 있습니다. 잘될 것이라는 확신이 있을 때 10점, 근거가 없을 때 0점으로 Confidence 점수를 매깁니다.

3. **Ease**(구현 용이성): 해당 실험 또는 기능을 구현하는 데 필요한 노력의 양을 나타냅니다. 이는 개발 시간, 필요한 자원, 기술적 난이도 등으로 측정될 수 있습니다. 당일에 구현이 가능하면 10점, 2주 이상 걸리면 0점으로 점수를 매깁니다. 이 과정은 개발자와 함께 진행해야 합니다.

각 실험 아이디어별로 Impact, Confidence, Ease 점수를 매기고 더해 우선순위를 정할 수 있습니다.

ICE 프레임워크를 사용하여 프로덕트 팀에서 실험을 우선순위화하는 방법

1. **목표 설정**: 먼저 팀의 목표와 프로젝트의 목표 지표를 정의합니다.

2. **아이디어 수집**: 팀원들로부터 다양한 실험 아이디어를 수집합니다.

3. **ICE 점수 평가**: 각 아이디어에 대해 Impact, Confidence, Ease를 평가하여 ICE 점수를 계산합니다.

4. **우선순위화**: ICE 점수가 높은 실험부터 낮은 실험 순으로 우선순위를 정합니다.

5. **실험 실행**: 우선순위에 따라 실험을 실행하고 결과를 분석합니다.

6. **결과 분석**: 실험의 결과를 분석하여 성공 여부와 다음 단계를 결정합니다.

ICE 프레임워크는 간단하면서도 효과적인 방법으로 프로덕트 팀이 다양한 실험 아이디어 중에서 가장 중요하고 효과적인 실험을 선택할 수 있게 도와줍니다.

그로스 해킹의 개념을 처음 도입한 사람이자 '드롭박스'의 성장을 견인하기도 했던 션 엘리스는 실험 아이디어가 넘쳐 흐르는 조직이야말로 프로덕트의 성장을 이끌 확률이 높다고 말했습니다. 여러분도 기획 중인 제품·서비스에서 주요한 지표를 성장시키기 위한 다양한 실험을 설계해 보길 바랍니다.

❓궁금해요 **데이터 분석에 대해 더 자세히 알고 싶어요**

꼭 데이터 분석가가 아니더라도 구성원 모두가 데이터 중심적 사고를 하면 프로젝트의 품질이나 방향성에 긍정적인 영향을 줍니다. 데이터 분석 및 지표 개선에 대해서 좀 더 깊이 알아보고 공부해 보고 싶은 학습자를 위해 다음 3권의 책을 추천합니다.

『그로스 해킹』(양승화 저, 위키북스)
『진화된 마케팅 그로스 해킹』(션 엘리스, 모건 브라운 저, 골든어페어)
『웹 데이터 분석학』(아비나쉬 카우쉭 저, 에이콘출판사)

◁)) Mission   지표를 높이려면 어떤 가설이 필요할까?

다음 예시는 교육용 퀴즈 앱입니다. 해당 앱의 목표는 '학습 효과를 높이는 것'으로, 학습 효과가 높아진다는 것은 정답률이 높고 풀이 시간이 짧아지는 것이라고 정의했습니다. 사용자들의 행동을 분석해 보니 복습을 하는 사용자들은 기간이 지날수록 정답률도 높아지고 풀이 시간도 짧아지는 현상을 확인할 수 있었습니다.

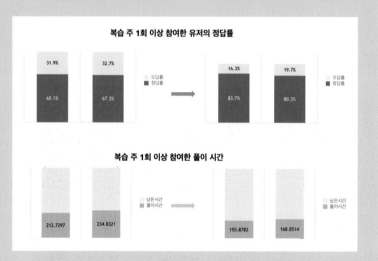

복습에 따른 지표 변화

여러분이 이 앱의 PM이라면 어떤 가설을 세우는 것이 바람직할까요? 또 가설을 검증하려면 어떤 실험을 해야 할까요?

무기가 되는 프로젝트 매니징 도구들

66 모든 것을 강조하는 건
아무것도 강조하지 않은 것과 같습니다. 99

_쏘카 CPO, 한지현

A-1 회사와 팀의 목표를 세우는 OKR

OKR^{objectives and key results}은 조직의 목표 설정과 추적을 위한 도구입니다. OKR은 '구글', '링크드인', '엑스' 등 많은 성공적인 기업과 스타트업에서 사용되었습니다.

OKR의 구성

1. **Objectives**(목표): 조직이 달성하고자 하는 목표나 비전을 나타냅니다.
2. **Key Results**(주요 결과): 해당 목표를 달성하기 위해 필요한 구체적인 지표나 결과를 나타냅니다. KR은 측정 가능해야 하며 주로 수치로 표현합니다.

OKR은 회사의 전략적 방향을 명확하게 설정하는 데 도움을 줍니다. OKR을 통해 회사 전체의 목표와 각 팀, 개인의 목표를 연계하여 일관성 있게 관리할 수 있습니다. OKR을 통해 회사와 팀 그리고 개인은 중요한 목표에 집중하고 결과를 낼 수 있습니다.

OKR은 조직에서 투명하게 공유되는 것이 중요합니다. 이를 통해 모든 구성원이 회사의 방향성을 이해하고, 어떻게 기여할 수 있는지 알게 됩니다. 리더들은 주기적으로 OKR을 검토하고 성과를 측정함으로 팀원들에게 필요한 조정 및 개선을 할 수 있습니다.

OKR 활용 시 주의점

- 너무 많은 OKR을 설정하면 집중력이 흩어지게 됩니다. 핵심 목표에 집중하는 것이 중요합니다.
- 환경이나 조건이 변할 때 OKR을 조정할 필요가 있습니다.
- OKR은 공유와 피드백을 통해 최대의 효과를 발휘합니다. 지속적인 커뮤니케이션을 통해 팀의 동기와 방향성을 유지해야 합니다.

OKR 예시

- **목표** : 사용자 경험을 향상시켜 제품의 사용자 유지율을 높이자.

- **KR 1 (가중치 50%)** : 앱 내 주요 버그 10개를 수정하여 CS를 50% 감소시키자.

- **KR 2 (가중치 50%)** : 사용자 온보딩 플로를 개선하여 신규 사용자의 첫 주 리텐션을
  20% 향상시키자.

OKR을 활용하면 조직의 방향성을 명확히 하고 팀의 집중력과 동기를 높여 빠르게 성장하는 데 도움을 받을 수 있습니다.

A-2 프로젝트의 일정과 업무를 계획하는 WBS와 간트 차트

WBS^{work breakdown structure}는 프로젝트를 더 작고 관리하기 쉬운 부분 또는 작업으로 분해하는 과정 또는 결과물입니다. 이는 프로젝트의 전체 범위를 구조적으로 나타내며, 다이어그램 또는 목록으로 표현됩니다.

WBS를 잘 활용하면 프로젝트의 전체 범위를 명확하게 정의하고 표현할 수 있습니다. 또한 자원 할당, 일정 계획, 비용 예산 등 프로젝트 관리 활동을 한곳에 정리하여 프로젝트의 복잡성을 줄이고 각 단계에서 필요한 작업을 명확히 할 수 있습니다.

WBS를 표현하는 방법 중 하나는 **간트 차트**^{gantt chart}를 활용하는 것입니다. 간트 차트는 프로젝트의 일정을 시각적으로 표현하는 도구로 수평 막대그래프 형태로 표현되며, 각 막대는 특정 작업 또는 활동을 나타냅니다.

다음은 간트 차트를 통해 모임 플랫폼의 일정과 작업의 목록을 표현한 예시입니다.

간트 차트의 예시

타이틀에는 작업의 리스트를 작성하고, 가로축에는 일정을 표기합니다. 앞선 예시는 프로젝트 초기에 기획과 디자인이 진행되고 개발로 넘어가 MVP를 출시하는 과정을 간트 차트로 표현한 것입니다. 이러한 WBS와 간트 차트는 제품과 서비스의 장기적인 로드맵을 세우는 데 활용할 수 있습니다. 또한, 에이전시에서 고객사를 위한 프로젝트를 진행할 때 사용하기 적합합니다.

A-3 프로덕트의 요구 사항을 문서화하는 PRD

PRD^{product requirement document}는 제품의 기능, 사용자 경험, 요구 사항 등 제품 개발과 관련된 모든 중요한 세부 정보를 포함하는 문서입니다. PRD는 제품 팀, 개발 팀, 디자인 팀 등 다양한 이해관계자에게 제품의 방향성과 요구 사항을 명확하게 전달하는 역할을 합니다. PRD의 주요 요소는 다음과 같습니다.

PRD의 주요 요소

- **참가자**: 프로젝트에 참가하는 각 인원의 이름과 역할을 표로 작성합니다.

- **목표**: PRD의 주요 목적 및 이 문서를 통해 달성하고자 하는 목표를 설명합니다.

- **배경**: 제품이 왜 필요한지, 어떤 문제를 해결하려는지 등의 배경 정보를 제공합니다.

- **대상 사용자**: 제품의 주요 사용자에 대한 설명입니다.

- **기능 요구 사항**: 제품의 주요 기능과 그 기능이 어떻게 작동해야 하는지에 대한 세부 정보를 나열합니다. 여기에는 기능적 요구 사항과 이를 표현한 유저 스토리, 중요도를 테이블로 기술할 수 있습니다.

- **정책**: 해당 기능을 구현하고자 할 때 필요한 정책이 포함됩니다. 예를 들어 환불 기능을 개발한다고 했을 때 일자별 환불 정책이 이에 해당합니다.

- **UX/UI 디자인**: 초기 디자인 목업, 와이어프레임, 사용자 플로 등의 시각적 자료를 포함할 수 있습니다.

- **성공 지표**: 해당 요구 사항들을 개발했을 때 사용자 행동 지표가 어떻게 변해야 프로젝트를 성공이라고 할 수 있을지에 대한 목표 수치입니다. 예를 들어 회원가입 전환 5% 증가, 이탈률 감소 등이 이에 해당합니다.

- **제약 사항**: 해당 요구 사항을 디자인하고 개발하는 과정에서 예산, 기술, 시간, 자원 등의 제약 사항을 명시합니다.

🔊 Mission **간트 차트 & PRD 문서 만들기**

템플릿 : 간트 차트 & PRD

지금까지 미션을 하면서 기획하고 구체화해 온 서비스를 간트 차트를 활용해 일정을 시각화하고 가상의 제품 팀에게 설명하기 위한 PRD 문서를 작성해 보세요.

PRD 템플릿

A-4 스프린트 진행을 돕는 칸반 보드

칸반 보드kanban board는 작업 관리 및 흐름 시각화 도구로서, 스프린트와 같은 반복적인 프로젝트를 관리하는 데 있어 유용합니다. 칸반 보드는 일반적으로 카드와 칼럼으로 구성되어 있으며, 각 카드는 특정 작업 또는 항목을 나타내고, 칼럼은 작업의 상태나 단계를 나타냅니다. 기본적인 칸반 보드의 칼럼 구성은 다음과 같습니다.

- **대기**(To Do): 아직 시작하지 않은 작업이나 팀이 진행할 예정인 작업
- **진행 중**(In Progress): 진행 중인 작업
- **완료**(Done): 완료된 작업

팀이나 프로젝트의 성격에 따라 추가적인 칼럼들을 가질 수 있습니다. 보통 개발이 완료되어 코드 리뷰 단계나 배포 단계에 따라 Stage, Beta 등의 중간 단계를 포함할 수 있습니다. 마지막으로 완료(Done)를 배포 완료라고 표현하

기도 합니다.

칸반 보드는 작업의 현재 상태와 진행 상황을 명확하게 시각화합니다. 이를 통해 팀원들은 어떤 작업이 대기 중이고, 어떤 작업이 완료되었는지 한눈에 알 수 있습니다.

스프린트를 진행하면서 칸반 보드를 사용하면, 스프린트 동안의 작업 상태와 진행 상황을 시각적으로 파악하기 쉬워집니다. 이를 통해 팀은 스프린트 목표 달성에 필요한 작업에 더욱 집중할 수 있습니다.

> ### 🔊 Mission 칸반 보드 작성하기
>
> 템플릿 : 칸반 보드
>
> 보드에는 프로젝트를 진행하기 위해 피처를 구현하는 데 필요한 유저 스토리 형식을 기반으로 작성된 카드를 등록해 놓습니다. 해당 카드의 속성에는 담당자, 기간, 피그마 URL, 우선순위(상/중/하), 카드 타입(feature/bug/testcase) 등의 속성을 추가하여 구분할 수 있습니다.
>
> 기획한 제품 · 서비스의 유저 스토리를 작성했다면 칸반 보드에 카드로 만들어 프로젝트를 시작하기 위한 준비를 해보세요.

A-5 프로젝트의 반성과 개선, 회고

회고retrospective는 제품 팀이 과거의 스프린트를 돌아보며, 그동안의 성과와 문제점 등을 팀원들과 함께 논의하고 개선할 점을 도출해 내는 과정입니다. PM은 회고를 진행하여 팀이 스포츠 팀처럼 작업 수행 및 팀워크를 개선할 수 있도록 노력해야 합니다. 회고하는 방법은 다양하지만 그중 가장 대표적인 2가지를 설명하겠습니다.

4L 회고

- **Liked**: 이번 스프린트에서 좋았던 점
- **Learned**: 배운 점
- **Lacked**: 부족했던 점
- **Longed for**: 바라는 점

KPT

KPT는 회고 활동에서 간단하면서도 효과적인 회고 방법으로, 다음 3가지 항목의 약자를 나타냅니다.

- **K(Keep)**: 유지하고 싶은 것

  이번 스프린트나 프로젝트 기간 동안 팀이 잘 수행한 활동이나 적용한 방법론 등을 의미합니다. 이러한 점들을 계속 유지함으로써 앞으로도 좋은 결과를 얻기를 바란다는 것을 나타냅니다.
- **P(Problem)**: 문제가 있거나 개선이 필요한 것

  팀이 직면한 문제나 도전, 개선이 필요한 부분들을 나타냅니다. 이를 파악하고 해결 방법을 찾는 것이 목표입니다.
- **T(Try)**: 시도하고 싶은 것

  앞으로의 스프린트나 프로젝트에서 시도해 보고 싶은 새로운 아이디어나 방법론을 나타냅니다. 다음 스프린트에서 더 나은 결과를 위해 팀이 실행할 수 있는 액션 아이템이라고 볼 수 있습니다.

KPT는 구조가 간결하면서도 핵심적인 부분에 집중할 수 있어 많은 팀에서 선호하는 방법입니다. 팀원들은 각 항목에 대한 내용을 포스트잇이나 웹 기반 도구를 사용하여 기록하고, 이를 공유하며 토론합니다. 이 2가지 회고를 진행할 때는 다음 순서로 진행할 수 있습니다.

회고를 시작할 때는 체크인이라는 과정을 통해서 개인의 컨디션, 몰입도 등, 개인적인 일을 1~10점으로 표현하여 아이스브레이킹을 진행합니다. 그런 다음, 정해진 시간 동안 4L 또는 KPT 중 하나의 형식에 따라 얘기하고 싶은 아이템을 자유롭게 포스트잇에 작성합니다.

진행자는 작성된 노트를 하나씩 살펴보면서, 작성자에게 작성 이유와 전달하고 싶은 내용이 있는지 질문합니다. 해당 아이템에서 선정할 만한 액션 아이템이 있다면 내용이 명확하고 구체적인 액션 아이템을 도출합니다. 이때 반드시 담당자를 지정해야 합니다. 이렇게 작성한 아이템이 모두 소진될 때까지 해당 과정을 반복합니다.

회고는 서로를 탓하기 위해서 하는 것이 아니라, 더 나은 방향으로 나아가기 위한 회의입니다. 조사에 따르면 뛰어난 실무자들은 약 70%가 동료와의 협력을 언급하는 반면, 그저 그런 실무자들은 20%도 안 되는 사람들만이 동료와의 협력을 언급한다고 합니다. 더 나은 팀워크를 가질 수 있도록 회고를 시도해 보길 바랍니다.

성장하는 PM 되기

66 모든 성장에는 성장통이 있습니다.
힘겹고 외로운 순간이 반복되면 지치겠지만,
그 통증이 나를 얼마나 크게 성장시킬지를 늘 떠올리세요. 99

_듀오톤 대표, 정다영

B-1 끊임없이 변하는 트렌드 따라잡기

제품·서비스를 성장시키기 위해서는 다양한 역량들이 요구됩니다. 실무에서는 영어로 축약된 용어들이 난무하고, AI와 같은 새로운 기술의 도입을 빠르게 검토할 수 있어야 하며, 생산성을 높이는 업무 방식의 변화도 주시해야 합니다. 때로는 공부해야 할 내용이 산더미처럼 느껴지곤 합니다. 이런 상황에서 가장 중요한 것은 새로운 트렌드를 빠르게 학습하고 실무에 적용할 수 있는 능력입니다. 그렇다면 제품·서비스를 개선하는 데 필요한 지식과 역량을 높이기 위한 방안들을 살펴보고, 관련 사이트 및 도서를 함께 알아보겠습니다.

커뮤니티 활용하기

최근 테크 커뮤니티들이 활성화되면서 스터디 그룹이나 행사 등이 많이 생겨나고 있습니다. 스터디 그룹 모임에 나가서 함께 공부하면 동기부여가 되고, 새로운 정보를 얻을 수도 있어 혼자 공부하는 사람들에게 추천하는 방법입니다. 직접적으로 서비스 기획, PM 관련 스터디가 아니더라도 GPT 활용법, 영어 비즈니스 아티클 읽기 등 IT와 관련된 스터디에는 성장에 목마른 IT 분야의 실무자들이 많이 참여하고 있습니다. 모임에 참여하는 것이 부담스럽다면, IT 관련 뉴스레터를 구독하여 주기적으로 정보를 받는 방법도 있습니다.

스타트업 포털 '데모데이', 독서 모임 '트레바리', 'EO' 등 다양한 테크 행사에 참여하는 것도 좋은 방법입니다. 이때 참석만 하기보다는 연사나 주최자에게 직접 질문하거나 조언을 구하는 등 적극적으로 행동해 보는 것을 추천합니다. 필자 또한 오프라인 행사에서 만난 연사들에게 조언을 구하고 함께 스터디를 하거나 협업까지 하여 실무와 관련된 다양한 도움을 받았던 경험이 있습니다.

사내 스터디 활용하기

회사에 근무하는 상황이라면, 사내에서 작은 스터디 모임을 만들어 시작해 볼 것을 적극 추천합니다. 실무에서 함께 일하는 사람들과 함께 공부하기 때문에 서로 공감할 수 있는 부분이 많고, 함께 미니 프로젝트를 진행하기에도 좋습니다. 필자는 커리어 초기부터 UX 세미나, UX 독서 모임, 해외 자료 읽기, 기초 코딩과 데이터 분석 등 다양한 사내 세미나를 열어 왔는데, 그때 만들었던 콘텐츠를 활용해서 강의나 집필 등 다양한 활동 분야를 넓힐 수 있었습니다.

사내 스터디 모임을 적극 활용하면 따로 돈을 들여 학교나 학원에 가지 않고도 다른 실무자들의 경험과 인사이트를 얻을 수 있고, 모임에서 나온 아이디어를 실제 업무에 적용할 수도 있어 장점이 많습니다. 동료가 곧 나의 선생님이 될 수 있다는 생각으로 사내 스터디 모임을 적극 활용해 보세요.

트렌드 따라잡기

테크 산업과 트렌드 등의 최신 정보를 빠르게 접할 수 있는 사이트와 도서들을 소개합니다.

국내 사이트

- **서핏(surfit.io)**: 매일 IT 분야의 최신 글을 읽을 수 있는 곳
- **디스콰이엇(disquiet.io)**: 다양한 IT 제품 및 서비스에 대한 의견이 오가는 곳
- **커리어리(careerly.co.kr)**: 테크 분야 실무자들의 SNS
- **아웃스탠딩(outstanding.kr)**: 스타트업을 비롯한 비즈니스 전반에 걸친 콘텐츠가 있는 곳

- **롱블랙(longblack.co)**: 24시간 안에 읽지 않으면 아티클이 사라지는 구독 서비스
- **썸원 뉴스레터(page.stibee.com/subscriptions/50103)**: 수많은 아티클 중 트렌드를 읽을 수 있도록 큐레이션 제공
- **더밀크(themiilk.com)**: 해외 테크를 빠르고 정확하게 알려 주는 미디어 스타트업
- **EO플래닛(eopla.net/magazines)**: 비즈니스, 실무 관련 아티클들이 올라오는 곳

해외 사이트

- **레니 뉴스레터(lennysnewsletter.com)**: 에어비앤비 프로덕트 리드 출신이 알려 주는 PM 인사이트
- **미디엄(medium.com)**: 전 세계 사용자가 작성한 양질의 글이 모인 곳
- **테크크런치(techcrunch.com)**: 테크 산업 전반에 관한 최신 뉴스를 볼 수 있는 곳
- **그로스디자인(growth.design)**: 프로덕트 분석 사이트
- **리포지(reforge.com)**: 그로스 해킹 관련 아티클
- **프로덕트헌트(producthunt.com)**: 전 세계 트렌디한 프로덕트가 공유되는 곳
- **스타트업스쿨(startupschool.org)**: 창업자들을 위한 스타트업 관련 강의

추천 도서

- **비즈니스**: 『제로 투 원 리커버 에디션』(피터 틸, 블레이크 매스터스 저, 한국경제신문사), 『하드씽』(벤 호로위츠 저, 한국경제신문사), 『블리츠스케일링』(리드 호프먼, 크리스 예 저, 쌤앤파커스), 『린 스타트업』(에릭 리스 저, 인사이트), 『린 고객 개발』(신디 앨버레즈 저, 한빛미디어), 『아이디어 불패의 법칙』(알베르토 사보이아 저, 인플루엔셜), 『101가지 비즈니스 모델 이야기』(남대일 외 4인 저, 한스미디어), 『스타트업 바이블』(빌 올렛 저, 비즈니스북스), 『콘텐츠의 미래』(바라트 아난드 저, 리더스북), 『언카피어블』(짐 매켈비 저, 리더스북), 『플랫폼 레볼루션』(마셜 밴 앨스타인 외 2인 저,

부키), 『콜드 스타트』(앤드루 첸 저, 알에이치코리아), 『디커플링』(탈레스 S. 테이셰이라 저, 인플루엔셜), 『포지셔닝』(잭 트라우트, 알리스 저, 을유문화사), 『컨버티드』(닐호인 저, 더퀘스트)

- **프로덕트**: 『프로덕트 오너』(김성한 저, 세종서적), 『인스파이어드』(마티 케이건 저, 제이펍), 『디자인과 인간 심리』(도널드 노먼 저, 학지사), 『꼭 필요한 만큼의 리서치』(에리카 홀 저, 웹액츄얼리코리아), 『스프린트』(제이크 냅 외 2인 저, 김영사), 『UX 원칙 2/e』(월 그랜트 저, 에이콘출판사), 『그로스 해킹』(양승화 저, 위키북스), 『진화된 마케팅 그로스 해킹』(션 엘리스, 모건 브라운 저, 골든어페어)

- **심리/행동결제학/마케팅**: 『넛지』(리저드 탈러, 캐스 선스타인 저, 리더스북), 『훅: 일상을 사로잡는 제품의 비밀』(니르 이얄 저, 유엑스리뷰), 『생각에 관한 생각』(대니얼 카너먼 저, 김영사), 『행동경제학』(리저드 탈러 저, 웅진지식하우스), 『스틱』(칩 히스, 댄 히스 저, 웅진지식하우스), 『제프리 무어의 캐즘 마케팅』(제프리 무어 저, 세종서적)

- **커뮤니케이션/조직문화**: 『하이 아웃풋 매니지먼트』(앤드루 S. 그로브 저, 청림출판), 『무엇이 성과를 이끄는가』(닐 도쉬, 린지 맥그리거 저, 생각지도), 『최고의 팀은 무엇이 다른가』(대니얼 코일 저, 웅진지식하우스), 『팀장의 탄생』(줄리 주오 저, 더퀘스트), 『일의 격』(신수정 저, 턴어라운드), 『사수가 없어도 괜찮습니다.』(이진선 저, 알에이치코리아(RHK))

B-2 회사에서 인정받고 커리어 점프하기

회사에서 잘난 척을 할 필요는 없지만, 자신이 한 업무의 성과에 대해서 공유하고 긍정적 평가를 받는 것은 커리어를 만들어 나가는 데 중요합니다. 회사에서 인정받는 건 물론이고 나아가 개인의 성장을 위해 커리어를 높일 수 있는 몇 가지 방법을 살펴보겠습니다.

기록하기

필자는 집착에 가까울 정도로 업무나 자료를 열심히 기록하는 편입니다. 특히 이해관계가 많이 얽혀 있거나 직무가 뚜렷하게 구분되어 있지 않은 조직에서는 기록이 업무에 중요한 역할을 합니다. 이런 조직에서는 주로 '~~가 ~~를 해서 ~~하기로 의사결정을 했다.'와 같은 형태의 기록을 반드시 남겨야 합니다.

또한 회의에서 의견이 서로 충돌하거나 엇갈린 의사결정이 반복되는 경우 반드시 관련 기록을 남길 필요가 있습니다. 이런 습관은 업무 효율성을 향상시키는 것은 물론, 잘못된 의사결정으로 물질적, 정신적 피해를 보는 일을 예방하는 데 도움이 됩니다. 또한 자신이 어떤 식으로 하루를 보내는지 시간 단위로 집중력과 에너지 레벨을 관리하여 생산성을 높여 보세요.

저는 일 년에 한 번 정도는 일주일간 15분 단위로 하루를 기록하여 불필요하게 사용되는 시간을 줄이고, 중요한 업무를 하는 데 시간을 많이 쓰도록 하고 있습니다. 바쁘게 사는 것 같은데 생산성이 높지 않다고 느껴진다면 스프레드시트에 하루를 기록해 보세요(템플릿 : Daily Report Template).

공유의 습관화

함께 일하는 동료나 상사는 나의 업무 성과를 완벽하게 파악하고 있지 않습니다. 주변으로부터 인정받고 적절한 보상을 받기 위해서는 적극적인 태도를 가지고 지속적으로 업무 성과를 드러내야 합니다. 어떤 일을 할 때 주변 사람들이 이를 인지할 수 있도록 관련된 이야기를 자주 꺼내는 것이 좋습니다. 특히 상사에게는 자주 중간 보고를 하는 것이 그들의 업무를 덜어 주고 안심시키는 좋은 방법 중 하나입니다. 상사에게 중간 보고를 하거나 업무 관련 이야기를 꺼낼 때는 단순히 내가 하는 일을 드러내기보다는 조언이나 피드백을 함께 구하는 것이 더 효과적입니다.

사내 공유회를 빙자하여 자신의 업무 프로세스나 성과, 배운 점들을 공유하는 자리를 갖는 것도 하나의 방법입니다. 다른 사람에게 나의 일을 드러내는 것은 불편할 수 있지만 적절한 보상과 스스로의 발전을 위해서 이런 적극성도 어느 정도 필요합니다.

논리적으로 대안 제시하기

보고서를 쓸 때나 의견을 제안할 때 한 가지보다는 여러 개의 대안과 그에 대한 장단점을 제시하여 의사결정자가 선택할 수 있도록 하는 것이 좋습니다. 이런 방식을 사용하면 의사결정자들이 결정하는 데에 드는 피로도가 줄어들기 때문에 업무적으로 좋은 평가를 받을 수 있습니다. 또한 내가 원하는 방향으로 의견을 모으는 근거를 만들 수도 있습니다.

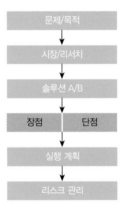

대안을 제시하는 순서

어떤 이슈에 대한 의견을 제시할 때는 이 순서로 제안하기를 추천합니다. 제품·서비스를 개선하는 것과 유사한 과정입니다. 먼저 발생한 문제나 목표를 정의하고 시장이나 내부 상황에 대한 분석을 바탕으로 2~3가지의 대안을 제시합니다. 그리고 각각의 장단점과 실행 계획, 마지막으로 발생 가능한 리스크에 대처하는 방법을 제시합니다. 이런 순서로 일을 하면 무엇보다 스스로가 논리적으로 일하는 습관을 기를 수 있습니다.

상대방의 KPI로 설득하기

우리는 앞서 사용자의 입장에서 생각해야 한다고 배워 왔습니다. 하지만 조직 내에서 업무를 수행할 때는 사용자가 아닌 다른 대상을 설득해야 하는 경우도 있습니다. 그 대상은 마케팅 팀장일 수도 있고, 기업의 대표일 수도 있습니다.

내부 인원을 설득해야 할 때는 상대방의 KPI나 KR[key result]로 설득해 보세요. 모든 실무자들은 개인과 팀의 KPI를 달성해야 합니다. 의견 차이가 있을 때 내 입장을 고집하기보다 상대방의 KPI가 어떻게 변화할 수 있는지를 이야기하면 쉽게 설득할 수 있습니다.

이를 위해서는 나 자신보다는 상대방의 입장에서 생각해야 합니다. 그들이 KPI를 달성하기 위해서 내가 제공할 수 있는 가치는 무엇인지를 생각해 보면 내부 이해관계에서 상충되는 부분을 조율하는 데 많은 도움이 됩니다. 특히 회사의 경영진, 의사결정자들이 달성해야 하는 목표에 내가 하는 일이 어떤 영향을 미치는지 그 관계를 잘 도출해 보면 회사에서 내가 한 업무를 인정받는 데 도움이 될 수 있습니다.

조직에서는 정보를 많이 가지고 있는 것도 하나의 능력이자 무기입니다. 조직에서 가장 많은 정보를 보유하고 있는 실무자와 관계를 형성하거나, 스스로 정보를 가진 사람이 되는 것도 필요합니다. 정보 비대칭을 잘 이용하면 협상과 설득에서 유리한 패를 가지고 접근할 수 있습니다.

성장하는 회사들의 특징

IT 분야에서 일해 오면서 여러 회사와 컨설팅을 하고 투자와 창업을 하게 되었습니다. 정말 운이 좋게도 해당 회사들의 내부 사정과 지표들을 볼 수 있는 기회들이 있었는데요. 이를 통해 성장하는 회사들은 다음과 같은 특징을 가진 것을 발견했습니다.

1. 처음부터 프로덕트 마켓 핏, 영업 이익을 고려한 비즈니스 모델이 있다

성장하는 회사는 창업을 하는 단계부터 비즈니스 모델과 성장 전략을 뾰족하게 세우는 경향이 있습니다. 단순히 '사용자를 많이 모으면 어떻게든 될 거야.'라는 태도보다는 어떤 지점부터는 고정비가 줄고 매출과 이익이 늘어날지 전략을 세워 놓고 시장의 반응에 빠르게 대응하며 수정해 나가는 실행력을 가진 회사들이 빠르게 성장하는 것을 관찰할 수 있었습니다.

2. 몰입 헌신하는 팀원들이 많다

제품·서비스를 개선하기 위해 몰입하는 팀원의 비율이 높은 회사가 빠른 성장을 합니다. 당연한 말이지만 자신의 성과를 챙기기에 급급하고 일을 해내기보다는 상사에게 잘 보이는 것이 더 중요한 분위기에서는 회사가 성장하기 어렵습니다. 이직할 때는 단순히 회사만 보기보다 함께 일할 팀이 제품·서비스에 대해 어떤 태도를 가지고, 성장시키기 위해 어떤 노력을 해 왔는지 함께 고려해 보길 바랍니다.

이끌어 줄 수 있는 사수를 만나는 것은 커리어에 꽤 큰 영향을 미칩니다. 시장에 대한 이해도와 빠른 실행력을 가진 똑똑한 리더와 일하는 경험은 개인을 성장시키는 데 도움이 됩니다. 물론 이런 리더가 있는 회사는 성장할 가능성이 높겠죠. 주의할 점은 이런 리더들이 위임을 잘 할 수 있는 성향인지 혹은 자신보다 속도가 느린 사람을 마이크로매니징하는지 꼭 체크해 봐야 합니다. 위임하지 못하는 리더는 똑똑한 실무자일 뿐입니다. 팀을 통해서 성과를 내는 리더들은 위임과 피드백을 통해 팀을 성장시킵니다.

B-3 사이드 프로젝트로 창업 도전하기

실무에서 맡은 업무만으로도 충분히 성장하고 있다는 만족감을 느낀다면 사이드 프로젝트를 굳이 하지 않아도 괜찮습니다. 그러나 회사에서 오랜 기간 일하다 보면 같은 반복되는 업무에 지루함을 느끼고 다른 일을 해 보고 싶은 갈증을 느낄 때도 있습니다. 사이드 프로젝트는 이럴 때 시도해 볼 수 있는 것으로, 새로운 기술과 사업 분야에 대한 시야를 넓힐 수 있다는 점에서 좋은 기회입니다.

사이드 프로젝트 중 가장 쉽게 시도할 수 있는 것은 '글쓰기'입니다. '글을 쓰는 것이 어떻게 프로젝트가 될 수 있어?'라는 생각이 들 수도 있습니다. 그러나 공부한 내용을 글로 정리해서 공유하고, 포트폴리오에는 다 담을 수 없었던 구체적인 고민과 디자인 프로세스에 대해서 얘기할 수 있어서 훌륭한 퍼스널 브랜딩 수단이라고 생각됩니다. 이런 기록이 축적될수록 업계의 사람들이 나에 대해서 알게 되고 이직을 하는 데도 긍정적인 영향을 미칩니다. 글쓰기가 확장되면 뉴스레터로 만들어 구독자를 모아 보는 것도 멋진 프로젝트가 될 수 있습니다. 50만 구독자를 가진 'Lenny's Newsletter'나 연 200억의 매출을 내는 'TLDR Newsletter'도 글쓰기로 출발한 뉴스레터들입니다.

사이드 프로젝트를 시작할 때는 실험을 하듯이 가볍게 시작하고 심각하게 실패할 걱정을 하지 않는 태도가 필요합니다. '실패할 수 있고, 또 그래도 괜찮다.'라는 태도를 가지고 꾸준히 시도하다 보면 성과는 따라오게 마련입니다. 필자는 국내 글쓰기 플랫폼 '브런치'에 꾸준히 글을 써서 전자책을 출간한 적이 있습니다. 또한, 사내에서 하던 세미나가 발전되어 대학이나 기업에서 강의를 하거나 스타트업이나 대기업의 제품 컨설팅을 진행하기도 했습니다.

글쓰기 외에도 관심 있는 분야의 앱이나 웹 프로젝트를 실행해 볼 수도 있습니다. 필자는 패션, 커머스, 전통주, 물류 등 다양한 분야에서 사이드 프로젝트를 실행해 보았는데, 이런 프로젝트는 혼자서 모든 것을 할 수 없기 때문에 작은 회사를 운영하는 것처럼 사람을 모으고 협업해야 합니다. 그래서 주로 함께 스터디했던 멤버나 회사 사람들과 진행하곤 했습니다. 이런 사이드 프로젝트 덕분에 여러 사업에 대한 이해도를 높일 수 있었고 사이드 프로젝트가 법인으로 발전하여 투자를 받는 경험도 해볼 수 있었습니다.

사이드 프로젝트를 조금 더 쉽게 시작해 볼 수 있는 팁이 있습니다. **무료 보완제**와 **전환**에 대해서 생각해 보는 것입니다. 내가 가진 것 중에서 무료로 제공할 수 있는 가치가 무엇인지 나열해 보고, 그중에서 사람들이 구매할 수 있는 제품으로 전환할 수 있는 요소가 있는지 살펴보는 것이죠.

예를 들어 저는 제품·서비스 관련 스타트업을 대상으로 무료 컨설팅해 주는 것을 통해서 컨설팅 포트폴리오를 쌓았고, 많은 기업과 기관들로부터 유료 컨설팅 프로젝트를 수주받은 덕분에 IT 컨설팅 회사 창업으로 이어질 수 있었습니다.

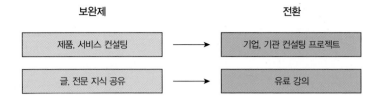

콘텐츠를 통한 비즈니스도 비용 없이 사람들의 구매 니즈를 확인할 수 있는 사이드 프로젝트입니다. 다음은 '보통 사람을 위한 운동 채널'이라는 유튜브 채널입니다. 일반인들이 쉽게 따라할 수 있는 건강 정보를 무료로 제공하고, 이들이 구매할 만한 홈 트레이닝 제품을 판매하고 있습니다.

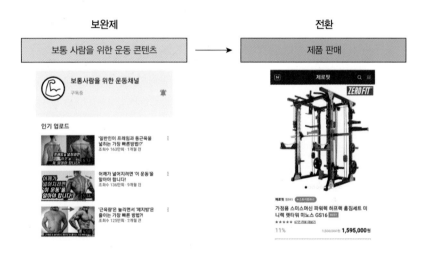

이러한 무료 보완제와 전환을 테스트해 볼 때 앞서 설명한 프로토타이핑을 통해 사용자 니즈를 확인해 볼 수 있습니다. 랜딩 페이지를 제작하고 사전 예약 수요 조사를 받을 수도 있고, 뉴스레터를 운영하다가 특정 제품의 공동 구매를 진행할 수도 있습니다. 내가 가진 것 중에 무료로 나누었을 때 사람들이 관심 있을 만한 무료 보완제와 그것을 통해 이어질 수 있는 전환에 대해서 고민해 보는 것은 사이드 프로젝트뿐만 아니라 실무와 비즈니스에도 도움이 됩니다.

B-4 지속적으로 성장하기

제품·서비스를 통해 성공적인 비즈니스를 이루는 것은 매우 긴 과정입니다. 현재 유니콘 기업이 된 회사들도 많은 변화의 과정을 거쳤습니다. '토스'는 8번의 제품 피벗이 있었고, 나스닥에 상장된 '쿠팡'도 초기에는 그루폰과 같은 소셜 커머스 형태를 띠고 있었습니다. 미국에 본사를 두고 채팅 API를 제공하는 '센드버드'도 첫 번째 비즈니스 모델은 육아 커뮤니티였습니다.

시장의 상황은 빠르게 바뀌고 사용자들은 우리의 예상과 다르게 행동합니다. 많은 제품과 서비스를 만들고 개선해 보며 배운 것은 항상 생각한 것보다 시간이 더 걸린다는 것입니다. 제품도 우리의 커리어도 축적 후 발산하는 과정이 필요합니다. 처음에 다양한 기획 과정을 배워도 실천하면서 많은 장애물을 마주하게 됩니다. 첫 MVP를 출시하고 설레는 마음에 밤을 새워 개선해 보지만 바로 성과가 나오지 않을 수 있습니다.

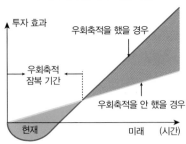

우회축적 효과의 시간 차원

실무 능력과 성과는 대게 선형적으로 증가하지 않는다고 합니다. 꾸준히 하나씩 쌓아 가다가 어느 순간 임계점을 넘으면 과거에 축적된 것이 응축되어 있다가 발산되고 큰 성과나 성장으로 이어지는 것이죠. 이것을 '축적 후 발산의 원리'라고 합니다.

여러분도 앞으로 많은 제품과 서비스를 기획하고 만들 때 즉각적인 성과보다는 배워 나가는 과정을 즐기셨으면 하는 마음을 담아 책을 마무리해 봅니다. 또, 그 과정을 통해 더 멋진 제품과 서비스 그리고 성공적인 커리어까지 이룰 수 있기를 진심으로 응원합니다!

끝까지 읽어 주신 모든 분께 진심으로 감사의 인사를 드리고 싶습니다. 10년 간 제품과 서비스를 만들고 많은 프로젝트에 참여해 왔지만, 매번 큰 배움이 있었고 또 시행착오가 있었습니다. 그 과정에서 저에게 배움을 주신 동료에게 감사 인사를 드립니다. 덕분에 이 책이 세상에 나올 수 있었습니다.

이 책은 여러분이 겪게 될 시행착오를 조금이나마 줄였으면 하는 마음으로 썼습니다만, 잘 전달이 되었을지 모르겠습니다. PM의 일과 배움은 끝도 없고 한계도 없는 듯합니다. 그래서 매력적이기도 하고요. 언젠간 멋진 프로젝트에서 여러분을 마주치기를 기대해 봅니다. 읽어 주셔서 감사합니다.

찾아보기

ㅎ

기타